Jan Moewes   Ohne Liebe herrscht nur Trauer

Das Buch

Für den Autor ist dieses Buch die logische Ergänzung seines Erfolgstitels von 1996 über das Universum, den er gerade erneut veröffentlicht hat. Und es ist sein Vermächtnis, sagt er. Leichte Lektüre ist es nicht und einfachen Gemütern oder Angsthasen sei von der Lektüre abgeraten. Wissbegierige und Mutige dagegen werden nach dem Lesen dankbar und erfreut sein, weil sie den Zustand der Welt besser verstehen und somit ihr Planen und Handeln entsprechend klarer sehen werden.

In fast jedem Leser werden sich Widerstände gegen einzelne Aussagen regen, weil man manche Dinge einfach nicht hören möchte. Aber gerade die sind es, die unser Selbstverständnis behindern. Wer nicht weiß, woher er kommt, weil er nicht zurückschauen mag, kann auch nicht wissen, wohin er sich wenden soll. Und da Erziehung und ihre Folgen immer wieder in den Blickpunkt geraten, möchte der Autor das Buch gerade jungen Eltern empfehlen, auch denen, die es werden möchten, und besonders denen, die es werden, ohne es gewollt zu haben.

Der Autor

Ein Vielschreiber ist Jan Moewes nicht, zumindest, was seine eigenen veröffentlichten Bücher betrifft, zum Einen, weil er neben dem Schreiben noch viele andere Interessen hat und ein geselliges Wesen, zum Anderen, weil er sich nur dann in dieser Form äußert, wenn er denkt, dass er wirklich etwas zu sagen hat. Er erfindet ja keine Geschichten, sondern beschreibt komplexe Zusammenhänge, zum Glück immer locker und leicht zu verstehen.

Sprache ist eine seiner Leidenschaften, deshalb hat er doppelt so viele Übersetzungen veröffentlicht (4) wie größere Texte aus eigener Hand, wobei die Kritik immer wieder die kraftvolle Sprache des Autors lobte – das größte Lob für einen Übersetzer, vor allem, wenn genau diese für ihn der erste Anlass seiner Übersetzung war. Schon vor der neuen deutschen Welle hatte er seine 50 Rock´n Roll und Punk Favoriten singbar ins Deutsche übertragen – aus Spaß an der Sache, zum Üben und aus Liebe zur Sprache, denn ohne Liebe herrscht ja nur Trauer.

Diese Aussage stammt aus „Eine kleine Geschichte des Raums", S.84, dem ersten Buch des Autors, auch bei tradition.de erschienen.

Jan Moewes

Ohne Liebe herrscht nur Trauer

Vom Zustand der Welt

Copyright: © 2015 Jan Moewes
Titelbild: © Izik Lambez (n. e. Motiv von Anne Geddes)/ J.Moewes
Verlag: tredition GmbH, Hamburg

ISBN Paperback: 978-3-7323-5637-9
ISBN Hardcover: 978-3-7323-5638-6
ISBN e-Book: 978-3-7323-6400-8 Printed in Germany

Inhalt

Da nun das Weib als letzte
aller Kreaturen geschaffen wurde
und Abschluss und Vollendung
aller Geschöpfe Gottes bildet,
ja, die Vollkommenheit der Welt,
wer will da leugnen, dass sie
die Allervortrefflichste unter den Kreaturen ist.
(Agrippa)

Vorwort

Die Welt befindet sich im konstanten Wandel. Niemand sagt, dass dieser Wandel gleichmäßig ablaufen muss. So wissen wir zum Beispiel, dass die Kontinente „driften", sich also aufeinander zu bewegen oder voneinander fort. Dieser Prozess ist so langsam, dass ihn normalerweise kein Mensch wahrnimmt, außer in einzelnen Momenten, dann aber sehr deutlich, oft genug erschreckend deutlich. Erdbeben oder gar Tsunami wird sie dann genannt. Erdbeben entstehen, wenn der Druck und die Spannung zwischen zwei kontinentalen Platten so groß geworden sind, dass es zu einer plötzlichen und heftigen Korrektur kommt. Wenn Sie ein Brett zu biegen versuchen, passiert auch nicht viel – bis Sie den Punkt erreichen, wo das Brett plötzlich bricht. Wenn Sie damit nicht rechnen, werden Sie sich möglicherweise sehr weh tun, weil sich viel angestaute Spannung in einem kurzen Moment entlädt und dabei gewaltige Kräfte frei werden.

Auch Gesellschaften befinden sich in konstantem Wandel. Wir alle wissen, dass auch dieser Wandel nicht ruhig und gleichmäßig abläuft. Auch dabei können sich Spannungen aufbauen, die desto gewaltiger sein müssen, je stärker die gesellschaftlichen Kräfte sind, die sich gegen diesen Wandel stemmen. Revolutionen sind sozusagen gesellschaftliche Erdbeben. Genau wie diese sind sie Korrekturen unerträglicher Zustände, schlichte Notwendigkeiten. Je gewaltiger die Spannung war, die sich aufgebaut hat, desto gewalttätiger werden die korrigierenden Kräfte sein, die für den überfälligen Quantensprung im Wandel sorgen müssen. Denn ohne Wandel kann das Leben nicht weitergehen. Stillstand ist Tod. Daher der begeisterte Schrei: „Es lebe die Revolution!", obwohl alle wissen, dass Revolutionen auch mit persönlichem Schmerz und Tod verbunden sind.

Es ist offensichtlich, dass die gesellschaftlichen Spannungen heute weltweit ein Ausmaß erreicht haben, das für sehr viele

Menschen unerträglich geworden ist. Viele sagen sogar, dass alles Leben auf dem Erdball bedroht ist und unerträglich leidet. Andere behaupten, das wäre gar nicht so schlimm, das sei schon immer so gewesen und zu ändern wäre es auch nicht. Die Spannung zwischen beiden Gruppen wächst derweil weiter. Die ewigen Opportunisten versuchen, sich mit kleinen Veränderungen durchzulügen; sie versuchen, das dicke Brett, das zu brechen droht, notdürftig zu flicken, indem sie hier und da kleine Leisten zur Verstärkung annageln. Jedem intelligenten Menschen ist klar, dass es dadurch allenfalls etwas später kracht, und dafür umso heftiger. Ich kann nur jedem raten, auf alles gefasst zu sein und höllisch aufzupassen. Ich denke, es wird bald krachen, und zwar gewaltig. Ich höre es schon überall knirschen und knacken, und bin keineswegs der Einzige, der das hört und sieht. Hoffentlich sind Sie nicht der Letzte, der es merkt.

Gehen wir also besser davon aus, dass sich Einiges verändern wird in der nächsten Zeit. Wahrscheinlich wünscht sich das sogar fast jeder in irgendeiner Form. Doch genau so haben die meisten auch Angst davor, denn niemand weiß, was danach sein wird. Den Ängstlichen möchte ich hier Mut machen: lesen Sie das schöne Märchen von den Bremer Stadtmusikanten! „Etwas Besseres als den Tod werden Sie allemal finden!"

Immer sind Wandel, Aufstand, jeder Umsturz und jede Revolution von immensen Hoffnungen begleitet. So groß die Ungewissheit auch ist, die Möglichkeiten sind noch größer. Doch nicht alle Hoffnungen erfüllen sich, und nicht alle Ängste waren begründet. Häufig, wenn nicht sogar meistens, kann man beobachten, dass sich die Verhältnisse nur wenig geändert haben, sobald der Regen erstmal das Blut von den Straßen gewaschen hat. Die Fahnen haben die Farbe gewechselt und die Uniformierten die Uniform, aber für die Meisten sind die Lebensbedingungen fast wie vorher, manchmal sogar schlimmer. Selten dauert es länger als eine Generation, bis sich die alten Verhältnisse wie von selbst wieder hergestellt haben, die mühsam erkämpften Rechte und Freiheiten kaum noch wahrgenommen werden. Das liegt daran, dass sich zwar die politischen Vorgaben verändert haben, aber nicht das Wesen der Akteure. Schnell sind oben wieder Unterdrücker und unten Unterdrückte – wo anders sollten sie auch sein? Das hat Wilhelm Reich sehr klar erkannt und ausgesprochen. Jede Revolution muss scheitern, hat er gesagt, solange der Charakter der Beteiligten der gleiche bleibt. Und jede Erfindung muss nach hinten losgehen, wenn sie in die Hände von Böswilligen fällt, möchte ich hinzufügen.

Die französische Revolution hat den Menschen gleiche Freiheit und gleiche Rechte versprochen, aber der Abgrund zwischen arm und reich ist heute steiler und tiefer geworden als zu Zeiten des Feudalismus. Die Demokratie ist wirklich ein nobles System, aber im Zweifel das Volk zu befragen, ist ausdrücklich nicht vorgesehen. Die großartigen Menschenrechte gelten vor allem für Körperschaften, die sie als „juristische Person" für sich beanspruchen, und daher wirklich überall auf der Welt Mauern bauen können, die dann reale Menschen voneinander trennen. Die Sklaverei ist schon lange abgeschafft, und die Kindersklaverei sowieso, aber fragen Sie mal einen Leiharbeiter, wie er sich fühlt, oder fragen Sie nach, wie alt die Jungen und Mädchen sind, die in den sogenannten Schwellenländern unsere Markenkleidung, unsere Sportschuhe oder unsere Fußbälle herstellen. Die Medizin macht täglich größere Fortschritte, und immer mehr Menschen sind krank. Alle reden vom Frieden und leben vom Waffenhandel.

Das bedeutet, dass politische Programme allein nicht ausreichen, um einen wirklichen Wandel zu bewirken, so nötig der auch wäre. Es bedeutet, dass wir nicht nur die Umstände verändern müssen, sondern den Menschen – angefangen bei uns selbst, wenn wir wirklich etwas verändern wollen. Wie es aussieht, werden wir uns selbst sogar dann verändern müssen, wenn wir es gar nicht wollen. Insofern könnte man genauso gut sofort damit beginnen. Bei sich selbst anfangen ist keineswegs leicht, liegt jedoch auf jeden Fall näher als das Rathaus unserer Stadt, als Berlin, Brüssel und Washington - oder gar Peking, wenn wir schon vom Wandel reden.

Und wir werden zurückschauen müssen, um zu begreifen, wie wir so weit kommen konnten, dass der Mensch des Menschen Bestie geworden ist – und auch alles anderen Lebens auf der Erde. Nur ein Narr sägt den Ast ab, auf dem er sitzt, heißt es. Doch auch ein Selbstmörder könnte auf die Idee kommen, und vor allem ein Psychopath, dessen Hass und Zerstörungswut so weit gehen, dass er wie ein tollwütiger Fuchs vor nichts zurückschreckt. Die Nachrichten sind voll von diesen Leuten, und sie begegnen uns ständig auf der Straße, fallen uns aber selten auf, bevor sie in den Nachrichten sind.

Fest steht, dass es eine Zeit gab, in der die Menschheit ohne Militär und Festungen auskam, ohne Polizei und Gefängnisse, ohne Strafen und Gerichte, ohne Herrscher und Untertanen, ohne die große Kluft zwischen arm und reich, ohne Proletariat, ohne Psychiatrien, ohne Prügel, ohne Pornographie und ohne Prostitution. Weiterhin steht fest, dass diese Menschen Barbaren genannt wurden, als unsere Kultur über die Welt hereinbrach und sich selbst als Zivilisation bezeichnete.

Deshalb werden wir unsere Rückschau bei diesen Barbaren beginnen, die auch gern Wilde genannt werden. Aber wenn wir uns das Aufeinandertreffen der Europäer und der Indianer vor Augen halten, das noch nicht so lange her ist, erkennen wir schnell, dass die Wilden gar nicht so wild waren und die Zivilisierten ganz schön barbarisch. Wie so oft dienen die Worte der Verschleierung der Tatsachen und der Beschönigung der Untaten. Auf diese Art der Geschichtsfälschung werden wir bei unserem Blick zurück öfter stoßen.

Denn die Wahrheit über unsere Geschichte ist so entsetzlich, dass sie eigentlich nur als Schande bezeichnet werden kann, und wer gibt so etwas schon gerne zu. Zu unserem Entsetzen werden wir erkennen müssen, dass die Geschichte unserer „Zivilisation" mit Kindesmisshandlung, Frauenhass und einem authentischen Krieg gegen die Liebe beginnt, der noch heute anhält.

Sklaverei, Imperialismus, Militarismus und Faschismus sind nur logische Folgen dieses Krieges, vor denen wir unsere Augen nicht verschließen dürfen, wenn wir verstehen wollen, warum wir geworden sind, wie wir sind.

Zum Glück wird der unangenehme Blick in die Vergangenheit uns zu der Erkenntnis führen, dass die Liebe diesen Krieg niemals verlieren kann, weil sie eine der elementaren Urkräfte des Lebens ist, die das ganze Universum bewegen und zusammenhalten. Insofern richtet sich der Krieg nicht gegen die Liebe, die ist unendlich, sondern dagegen, dass wir für sie offen sind. Der Krieg, den wir führen, ohne uns dessen bewusst zu sein, richtet sich gegen uns selbst. WIR sind des Menschen und der Erde Bestie geworden, und jeder Einzelne von uns ist sein erstes Opfer. Das ist der Grund, weswegen jeder Wandel, jede Revolution, ihren Anfang nur in jedem Menschen selbst finden können, in seiner Mitte, um ganz genau zu sein.

Dort anzufangen, ist gar nicht so einfach, wie es eigentlich sein müsste. Dort liegt all unsere Schande, unsere Scham und unser existenzielles Leid versteckt, all das, was wir selbst zuallerletzt sehen wollen. Aber wenn wir da nicht anfangen, kommen wir nie ans Ziel.

Dieses Buch muss mit einem Rückblick beginnen, bei einem besinnlichen Rundblick innehalten, um dann zum Ausblick zu finden. Uns wird dieses Buch in seinem zweiten Teil, um den es eigentlich zuerst geht, so viele Möglichkeiten und Chancen aufzeigen, dass wir am Ende voller Hoffnung in die Zukunft schauen können. Dann wird dieses Buch zu dem werden, was es sein soll: ein Loblied auf die Liebe. Beginnen wird es jedoch dort, wo unser aller Leben begann – bei den Müttern.

A 1 Bei den Müttern

One Love, one Heart
Let´s get together
and feel allright!
(Bob Marley)

Die Altertumsforscher gehen heute davon aus, dass in allen ursprünglichen Gesellschaften die Frau im Mittelpunkt stand, oder besser gesagt, die Mutter. Einige unserer nicht immer vor Arroganz gefeiten Wissenschaftler nennen diese Phase in der Entwicklungsgeschichte der Menschheit die kindliche, weil sie die Evolution der Menschheit mit der Entwicklung des Menschen vergleichen, und die frühen Phasen beider als unreife, dumme Vorstufe abqualifizieren. Darin offenbart sich die gleiche Verleumdung wie in der Bezeichnung Barbaren oder Wilde für die ursprünglich lebenden Menschen, die man besser „Im Einklang Lebende" genannt hätte. Auch unsere anfangs noch sehr lebendigen Kinder rügen wir ja gern als viel zu wild. Heute wird allerdings nicht mehr lange gerügt, heute wird beruhigt, mit Ritalin.

Da die Verwandtschaft in jenen fernen Zeiten selbstverständlich über die mütterlichen Vorfahren abgeleitet wurde, spricht man von matrilinearer Organisation. Gebräuchlicher ist das Wort Matriarchat, auf gut deutsch Mutterrecht. Es ist allerdings auch schon wieder auf geradezu absurde Weise irreführend, zeichnet sich doch jene Zeit gerade durch das Fehlen eines ausdrücklichen Rechts aus. Den Müttern war sozusagen alles Recht. Das war wesentlich leichter für sie, als wir uns das heute vorstellen können.

Ein ganz und gar nicht kleiner, sondern fundamentaler Unterschied zwischen den Geschlechtern ist das sichere Wissen der Mutter, dass ein Kind von ihr ist. Der Mann dagegen kann so sicher nur selten sein. Oft genug erfährt er nicht einmal, dass er Vater geworden ist, oder er glaubt es nicht oder er will es gar nicht wissen. Oder, was wohl das Schlimmste ist, es plagen ihn lebenslange Zweifel. Ein großer Teil des Rechts, das nötig wurde, als die Väter die Mütter ablösten, dient vor allem dazu, genau diese „VerZWEIFELung" möglichst auszuschließen. Deshalb ist der Ausdruck Vaterrecht sehr zutreffend. All unser Recht ist Vaterrecht.

Damals, bei den Müttern, war die Vaterschaft noch nicht so wichtig. Die Abstammung von der Mutter war unbestreitbar, und deshalb waren die Mütter Dreh- und Angelpunkt der Sippe. Die erste Gottheit, die verehrt wurde, war überall die Urmutter und nicht Gottvater. Da die Wiege der Menschheit wohl in Afrika stand, und zur Entspannung, möchte ich an dieser Stelle etwas erzählen, das alles andere ist als ein Witz, und das ist:

Mein Lieblingswitz

Ein eng mit dem Papst befreundeter Kardinal liegt im Sterben, und er besucht ihn, denn er hat eine Bitte. „Guiseppe", sagt er, „du wirst Ihm ja nun bald gegenüberstehen. Und weißt du, ich habe so gar keine handfeste Vorstellung von Ihm. Nicht, dass ich nicht an Ihn glaubte, ist ja klar, aber ich wüsste wirklich gern ein bisschen mehr von Ihm. Also wenn du es irgendwie einrichten kannst, dann lass mich bitte wissen, wie Er ist! Ich flehe dich an."

Der Kardinal verspricht es und scheidet bald dahin. Ein paar Wochen später erwacht der Papst plötzlich und vor seinem Bett steht mit sehr ernstem Gesicht der grünlich leuchtende Geist des Kardinals.

„Und? Hast du Ihn getroffen? Wie ist Er? Bitte, sag es mir!", bettelt der Papst.

„Es wird dir nicht gefallen.", warnt streng der Kardinal, doch der Papst kann und will das nicht glauben Er ringt die Hände und gibt keine Ruhe.

„Komm, sag schon! Was soll mir an Ihm nicht gefallen?"

„Naja", sagt der Kardinal,

„Sie ist schwarz!"

Mein Lieblingswitz ist das vor allem, weil es die kürzeste Form ist, in der mir die wahre Geschichte begegnet ist. Was uns über Adam und Eva erzählt wird, passierte erst etliche Jahrtausende oder einige Göttergenerationen später. Unser Gott ist sozusagen ein Enkel oder Urenkel jener dicken schwarzen Mutti, die damals auf dem Himmelsthron saß, obwohl es den noch gar nicht gab, weil SIE so etwas nicht brauchte.

Spaß beiseite, alle, die sich um eine Mutter scharen konnten, gehörten zusammen, und meist konnten sich mehrere Mütter wieder um eine gemeinsame scharen, die Groß(e)mutter, und spätestens das war dann wirklich eine Sippe. Die Sippe war sozusagen die kleinste menschliche Einheit – die Familie war noch nicht erfunden, und auch das Individuum in unserem Sinne kannte man noch nicht. Das ist kein Wunder, hatte man doch als Einzelmensch nicht die geringste Überlebenschance. Die hätte ein einzelner Mensch auch heute nicht. Außerdem ist es überhaupt nicht lustig.

Innerhalb der Sippe gehörte alles allen, und alle waren für alle da. Da sie zusammengehörten, liebten sie sich, ohne je darüber nachzudenken, ohne davon reden zu müssen. Zu wissen, dass man zusammengehört, ist die Urform der Liebe. Vermutlich gab es nichtmal ein Wort dafür. Da also in diesem Kreis niemals jemand einem anderen bewusst Leid zufügen wollte, brauchte man im Prinzip gar nichts zu verbieten. Und genau so war es: Grundsätzlich war erst einmal alles erlaubt. Das kann sich heute kein Mensch mehr vorstellen. Das war das Paradies! Ernsthaft:

14

man hält es heute für wahrscheinlich, dass das biblische Paradies nicht so sehr eine bestimmte Gegend beschreibt, sondern vor allem eine andere, glücklichere Form des Zusammenlebens.

Einfacher war sie auf jeden Fall. Nichts hat unser Leben mehr kompliziert als die Abschaffung des wenigen, ungeschriebenen „Rechts" der Mütter: Alle sind für alle da, alles ist für alle da. Es ist unglaublich, welchen Aufwand der Mann betreiben muss, um wenigstens die Illusion zu haben, dass ganz bestimmt kein Kuckuckskind an sein Erbe kommen kann. Dass es damals noch gar kein zu vererbendes Vermögen gab, kam erleichternd hinzu. Da kein Mensch etwas stehlen kann, was ihm schon gehört, brauchten die Mütter weder Polizisten noch Richter noch Rechtsanwälte noch Gefängnisse noch Gesetze. Deshalb lenkt der Begriff Mutterrecht fatal von der Wahrheit ab. Wenn es überhaupt so etwas wir Regeln gab, dann hatten diese religiösen Charakter, das Leben und die Liebe heiligend.

Viele der Begriffe, mit denen wir heute das Verhalten der ursprünglich lebenden Menschen beschreiben, sind völlig daneben gegriffen, weil wir uns die Gefühle und Beweggründe dieser Menschen nicht einmal annähernd vorstellen können. Die üblen Worte „Tempelprostitution" und „Gastprostitution" beschreiben das Geschehen in keiner Weise, wohl aber die Vorstellungswelt der Forscher, die solche Bräuche in den letzten Jahrhunderten erstaunt zur Kenntnis nahmen. Wahrscheinlich hätten sie dem Gast auf jeden Fall etwas abkassiert. Das freilich tat man bei den Naturvölkern nicht, im Gegenteil, man wurde dort allenfalls ermahnt, wenn man sich über Gebühr von den anderen fernhielt. Schließlich waren ja alle für alle da.

Falls es trotz allem mal ein Problem in der Gemeinschaft gab, beratschlagte man gemeinsam, wie es zu lösen war, und dabei dachten diese Menschen eher über Wiedergutmachung als über Strafe nach. Die einzige wirkliche Strafe, die es gab, war der Verstoß aus der Sippe. Das war ein ähnlich schrecklicher Gedanke wie der, ganz alleine in den Weltraum geschossen zu werden. Und ein ebenso sicheres Todesurteil. Deshalb kam es selten zur Anwendung.

Probleme anderer Art gab es natürlich, aber mehr als heute waren es gewiss nicht. Vor allem kamen all diese Probleme von außen, nicht von innen, und deswegen schleppte man sie nicht überallhin mit sich herum. Daher gab es auch keine Neurosen, keine Psychosen, keine Perversionen, keine Irrenärzte und keine Psychiatrie. Verrückte gab es, aber die wurden als gottgegebenes Geschenk geachtet und meist gut behandelt. So unterhaltsam wie unser Fernsehen werden sie bestimmt gewesen sein.

Besonders wichtig - und wir werden später noch sehen, wie wichtig – war, dass es kein Jugendverbot gab. Da alles gut war, gab es nicht einmal so etwas wie Scham. Das Privatleben war noch nicht erfunden. Sexualkunde war nicht Teil einer Ausbildung, sondern normales Leben ringsum. Weil es so natürlich war wie Atmen oder Essen, war es auch nichts Sensationelles. Für die zivilisierten Eroberer, Entdecker, Missionare und Forschungsreisenden dagegen gab es nichts Aufregenderes. Deshalb sind die sexuellen Freiheiten meist das Erste, was uns von den vielen Naturvölkern berichtet wurde, die es alle nicht mehr gibt – weder die Völker noch die Freiheiten.

Die ersten ernsthaften Berichte, die über Anekdoten und Gerüchte hinausgingen, verdanken wir wohl Malinowski, einem Anthropologen, der 1914 zu den Trobriand-Inseln aufbrach und dann wegen des Ersten Weltkriegs mehr als drei Jahre dort hängen blieb.

Durch ihn wurden die Trobriander und ihre Bräuche bekannt, und damit sehr bald das „Sexualleben der Wilden". In seinem ersten Buch über dieses Volk hatte er über das ähnlich erstaunliche Schenken-statt-Kaufen-System der Eingeborenen geschrieben, aber dieses Buch erregte weder das Aufsehen des folgenden noch erreichte es dessen Verbreitung. Im Großen und Ganzen hat er damals schon das Wesentliche von allem erzählt, was später immer und immer wieder mit Detailunterschieden von allen anderen ursprünglich lebenden Völkern der Welt berichtet wurde, bevor man sie ausrottete.

Malinowski und alle seine Nachfolger schildern ein Leben, das sie gerne unbeschwert nennen. Wahrscheinlich war es das. Doch das für Europäer Unbegreiflichste ist immer der unbefangene sexuelle Umgang miteinander. Den natürlich lebenden Menschen war die Liebe so selbstverständlich wie das Atmen. Wahrscheinlich redeten sie nie darüber, brauchten nicht einmal ein Wort dafür. Sich dabei zu verstecken, wäre ihnen so absurd vorgekommen wie verstohlenes Atmen. Nie wären sie auf die Idee gekommen, irgendeine Liebesäußerung vor ihren Kindern zu verbergen, auch die körperliche Liebe nicht, gerade die nicht. Sie liebten ihre Kinder, und deshalb durften diese immer so viel lernen, wie sie wollten, damit sie ordentliche Exemplare ihrer Gattung werden konnten. Dass die Liebe Grundlage ihres Lebens war, wussten alle genau, deshalb brauchten sie ja keine Worte. Sollten ihre Kinder ausgerechnet das Grundlegende nicht lernen?

Ganz selbstverständlich haben sie das Richtige getan, das Natürliche. Von den Schimpansen, die uns ja näher stehen, als selbst Darwin geglaubt hätte – nur etwa zwei Hundertstel unseres genetischen Materials unterscheiden sich von ihrem – von den Schimpansen also wissen wir heute, dass diejenigen, die in ihrer Kindheit den Verkehr zwischen erwachsenen Exemplaren nicht beobachten können, es als Erwachsene nicht einmal versuchen, dafür aber krank und bösartig werden. Ähnliches können wir leicht auch beim Menschen beobachten. Bei den Affen kann allerdings nur ein seltener Unglücksfall den gelebten Anschauungs-Unterricht verhindern, denn nicht einmal die angeblich dummen Affen sind so blöd wie wir, die wir die brennende, lebenswichtige Neugier unserer Heranwachsenden eher bestrafen als befriedigen. Dabei gehört diese Neugier zu ihrer Natur, die ein ordentliches Exemplar will, einen guten Liebhaber. Doch meist ist die einzige Quelle, die sich unserem Nachwuchs bietet, um seinen berechtigten Wissensdurst zu löschen, die widerwärtige Pornographie, die uns mehr und mehr überschwemmt.

Da wir nun schon mal bei den Affen sind, soll noch eine andere erstaunliche Ähnlichkeit zwischen deren und unserem Verhalten erwähnt sein. Bei den Bonobos, die den Schimpansen – und damit auch uns – so ähnlich sind, dass man sie erst vor kurzem zu einer eigenen Art ernannt hat, ist der aufrechte Gang fast so selbstverständlich wie beim Menschen. Dadurch wirken sie wesentlich eleganter als Schimpansen. Rotere Lippen sollen sie auch haben. Aber vor allem ihr Verhalten unterscheidet sie gewaltig von den Schimpansen. Während jene leicht reizbar und aggressiv sind, sind die Bonobos umgänglich und im Allgemeinen friedlich. Während jene ihr Territorium gegen Eindringlinge mit aller Gewalt verteidigen, neigen diese dazu, Neulinge zu integrieren und sich mit den Nachbarvölkern zu vermischen. Während Schimpansen ihre Probleme meist kriegerisch zu lösen versuchen, lösen die Bonobos die ihren meist durch Sex. Normalerweise paaren sie sich so oft und gern in allen Formen und mit wem auch immer, dass gar keine Zeit für Streitereien bleibt, weil alle gerade was Besseres zu tun haben. Bei den Schimpansen ist ein männliches Tier dominant, bei den Bonobos sind es die weiblichen. Eine verblüffende Übereinstimmung mit dem Menschen: die Muttervölker haben sich mehr wie die Bonobos verhalten, und wie wir noch sehen werden, der vaterrechtlich organisierte Mensch wie die Schimpansen. Ein überwältigender Fortschritt ist das nicht.

Bei Malinowskis Trobriandern also liebten sich die Erwachsenen ohne jede Scheu vor aller Augen. Deshalb schaute kaum jemand hin, außer den Anthropologen natürlich, und wahrscheinlich den Kindern. Erstens lassen die Mama sowieso nicht gerne aus den Augen, solange sie noch klein sind, und zweitens sind sie von Natur aus neugierig, auch wenn sie größer werden. Und alles, was sie sehen, spielen sie nach. Deshalb spielen unsere Kinder die Morde aus dem Fernsehen nach, während die Südsee-Kinder „Mami schläft mit Onkel Nico oder Onkel Klaus" spielten. Das ist nur logisch. Logisch ist allerdings auch, dass wir danach die Hände entsetzt über dem Kopf zusammen schlagen, während die Südsee-Eltern sich bestens über ihre Sprösslinge amüsierten.

Wenn deren Spiel dann langsam interessanter und aufregender wurde, durften sie immer noch, und wenn es endlich klappte, hatte auch keiner was dagegen. Dass diese Kinder glücklicher waren als unsere, ist leicht einzusehen. Dass aus glücklichen Kindern auch glückliche Erwachsene werden können, noch leichter. Tatsächlich haben unsere Forscher nicht nur erstaunt von der Freizügigkeit dieser Menschen erzählt, sondern fast ausnahmslos auch von ihrer - für die Forscher ebenso erstaunlichen – Lebensfreude. Gerade, dass die normalerweise alles andere als wilden Wilden nichts hatten und kaum etwas brauchten, dass allein ihr bloßes Dasein sie so offensichtlich glücklich machte, hat die Eroberer überall völlig aus der Fassung gebracht.

Geheiratet wurde viel später, und nur, wenn beide Lust dazu hatten. Falls man jedoch irgendwann keine Lust mehr hatte, war das auch nicht so ein Drama wie heute. Im schlimmsten Fall musste der junge oder auch nicht mehr so junge Mann, der seine Frau nicht glücklich gemacht hatte oder mit ihr nicht glücklich geworden war, zu seiner eigenen Sippe zurückkehren.

So ist es kein Wunder, dass diese Leute unbeschwert wirkten, Sie waren es. Das war nicht nur in der Südsee so, sondern auch in Nord-, Süd- oder Mittelamerika, in Afrika, in Australien und vor langer Zeit wohl auch bei uns, von der Etsch bis an den Belt.

Dass wir bis jetzt das Liebhaben bei den Naturvölkern hauptsächlich unter dem körperlichen Aspekt betrachtet haben, hat, wie schon gesagt, mehr mit unserer gespannten Erwartung „in diesen Dingen" zu tun als mit den sogenannten Wilden. Deshalb verlassen wir nun das Feld der aufregenden erotischen Gewohnheiten und kommen endlich zu anderen, nicht weniger unvorstellbaren Bräuchen, ungeheuerlichen Sitten und Werten auch auf Gebieten, die mit dem Geschlechtsleben nicht das Geringste zu tun haben – zumindest scheint es so. Doch gerade da wird der Freiraum geschaffen, in dem das unbeschwerte Liebhaben erst möglich wird. Nicht die wilde Sexualität sprengte die Schranken, sondern das Fehlen der Schranken ließ dem „Wilden" seine ganze Sexualität.

Er war nicht gezähmt. Uneingeschränkt stand ihm das Leben offen. Sein auffälliges Glück stammte aus dem Einverständnis, dem Wissen, dazu zu gehören und geborgen zu sein. Die Idee des Individuums war so unvorstellbar wie die der Spaltung von Atomen. Ein einzelner Mensch hatte keine Chance, die Sippe oder der Stamm waren unauflösliche Gemeinschaften. die das Überleben sicherten

Ein einzelner Mensch hat auch heute keine Chance, aber damals war es allen klar. Zu wissen, dass man zusammen gehört, ist eine sehr stabile Form von Liebe. Was zusammen gehört, liebt sich ganz von selbst, muss sich lieben. Was zusammen gehört, teilt auch selbstverständlich.

Schranken sind immer willkürliche Unterscheidungen, erzwungene Trennungen von Zusammengehörigem. Gehörte es nicht zusammen, bräuchte man keine Schranke. Schranken sind immer Unterbrechungen des lebendigen Flusses. Dass Gesetze und Verbote Schranken sind, die die Mütter nicht brauchten, hatten wir schon erwähnt, genausowenig wie sie Richter und Polizisten brauchten, Justizpaläste und Gefängnisse, Besserungsanstalten und Erziehungsheime, Obrigkeiten und Untergebene, Verwaltung und Verwaltete. Es ist völlig klar, dass Recht und Ordnung überflüssig sind, wenn die Liebe regiert. All diese Schranken wurden erst nötig, als die neuen Herren gewaltsam eine Grenze zogen, die sie fortan mit einer Unzahl von Schlagbäumen, Stacheldraht, Wachtürmen, Minengürteln und Selbstschussanlagen sichern mussten, einen authentischen Todesstreifen: die Grenze zwischen Dein und Mein, die nichts anderes ist als eine Grenze zwischen Dir und Mir.

Am schlimmsten dürfte es die Kinder getroffen haben. Plötzlich gab es meine Kinder und deine Kinder. Früher waren die Kinder der Wohlstand und die Zukunft der Sippe gewesen, keine Mutter hatte jemals die alleinige Verantwortung, keine trug die

Last allein und niemals war ein Kind für die Mutter eine Katastrophe, die ihre Zukunft beeinträchtigte. Kein Kind war von einer einzigen Person abhängig, kein Kind war einer einzigen Person ausgeliefert, kein Kind musste jemals allein sein. Und keines musste den Hass von Leuten ertragen, die es für ihr verunglücktes Leben verantwortlich machten. Nicht einmal der Tod der Mutter war eine existenzielle Bedrohung für ein Kind, das viele Mütter in Reserve hatte.

Wir zahlen einen hohen Preis für eine Fiktion. Nichts gehört uns wirklich. Unsere Kinder gehen ihre eigenen Wege, die Vögel im Sachsenwald pfeifen auf die Familie Bismarck und Herr Rockefeller hat das meiste von dem, was ihm angeblich gehört, noch nie gesehen. Besitz ist eine Illusion, fast so flüchtig wie die Luft zum Atmen. Erst wenn wir teilen, können wir teilhaben, erst wenn Alles wieder Allen gehört, gehört uns wirklich etwas, nur Loslassen ist Reichtum, Festhalten ist Armut.

Wenn alle für alle da sind, kann selbstverständlich niemand erwarten, dass seine Frau ausschließlich für ihn da ist. Dieser Gedanke kam tatsächlich erst mit der Erfindung des Privatbesitzes in das menschliche Leben. Zu allererst, im frühen Griechenland, empfanden die Frauen solcherart Eheversprechen noch als Sünde, weil es gegen das erste Gebot der großen Göttin verstieß. Deshalb, als Opfer, um Gottmutter zu beschwichtigen, mussten sie sich anfangs oft noch den Brüdern des Mannes hingeben, bevor die Ehe vollzogen werden durfte.

Natürlich gab es auch bei den Naturvölkern feste und lang andauernde Beziehungen, aber keine ausschließlichen und schon gar keine unwiderruflichen! Ein paar mal im Jahr liebte sich anlässlich besonderer Feiertage ohnehin die ganze Sippe gemeinsam. Das war die Orgie, die höchste Form der Hingabe, die damals als Gottesdienst veranstaltet wurde Die ursprüngliche Bedeutung des griechischen *órgia* ist nämlich Opfer. Die heiligste Form dieses Opfers war übrigens die Kreisorgie, bei der alle gemeinsam den Liebesakt ausführten (1). Orgien gibt es immer noch, aber weder als Opfer noch als Gottesdienst.

Die Orgie war längst nicht der einzige Unterschied zur uns bekannten Ehe, und schon gar nicht der wichtigste. Der wichtigste war vielleicht, dass die Ehe problemlos von jedem der beiden Partner gelöst werden konnte, wenn sie unerfreulich wurde. Der Mann ging einfach und verließ die Frau. Die Frau brauchte nur seine Schuhe vor das Tipi zu stellen, um eines der vielen simplen Beispiele zu nennen, und dann wusste der Mann, dass er zu seiner Sippe zurückzukehren hatte.

Vor allem aber wäre es niemand auch nur im Traume eingefallen, eine Jungfrau zu erwarten oder zu erhoffen - eher im Gegenteil. Es gab ja auch keine, zumindest nicht in einem Alter, wo man ruhiger wurde und allmählich wusste, was man wollte. Eine jungfräuliche Erwachsene wäre allenfalls ein Grund zur Besorgnis gewesen und sicherlich immer wieder ermahnt worden, diesem "perversen" Zustand doch möglichst bald abzuhelfen. Eine Jungfrau wäre gar nicht ehefähig gewesen und abschreckend unattraktiv, aber ohnehin hätte sie niemals jemand "geheiratet", BEVOR er sie ERKANNT hatte, um einmal die Wortwahl der Bibel zu benutzen.

Wenn man das offizielle christliche Ehemodell mit dem "barbarischen" vergleicht, muss man zwangsläufig zu dem Schluss kommen, dass Christen gar nicht glücklich sein wollen – oder sollen. Bei unseren wilden Urahnen sammelten schon die kleinen Kinder Erfahrungen, weil sie immer und überall zuschauen durften. Daher spielten sie natürlich eher Liebe-Machen als Rambo-Sein und übten auf diese Weise fleißig, bis das Spiel irgendwann kein Spiel mehr war, sie aber trotzdem fleißig weiter übten. Schließlich wussten sie alles und kannten alle und DANN suchten sie sich ihre Partner aus. Und danach mussten sie ab und zu "auf Orgie", wo die eventuell angestauten Lüste wie von selbst abflossen und nebenbei den Sippendynamo bewegten und die Sippe mit Energie aufluden. Und wenn die Ehe trotz allem nicht lief, dann lief sie eben nicht und man trennte sich, ohne dass für irgendwen die Welt zusammenbrach, und schon gar nicht für die Kinder.

Bei uns sind die wohlerzogenen Heranwachsenden aufgefordert, nichts zu sehen, nichts zu hören und nichts zu sagen bis zum "Ja" vorm Altar. Und DANN dürfen sie das Leben, die Liebe und das andere Geschlecht kennenlernen, zumindest den einen Vertreter desselben, den sie nun für immer und ewig genommen haben. Wer da schlecht gewählt hat, der hat wirklich Pech! Da beide Beteiligten streng genommen keine Ahnung haben dürften, haben sie kaum eine Chance. Es ist wie russisch Roulette, nur dass in fast allen Kammern Kugeln stecken.

Würden Sie Ihr Auto zu einem Mechaniker bringen, der noch nie vorher eins gesehen hat? Würden Sie ein Kreditinstitut aufmachen, ohne dass sie rechnen können und als Kassierer einen Unbekannten einstellen? Warum also heiraten Sie jemand, den Sie nicht wirklich kennen? Und warum erwarten Sie zu allem Überfluss auch noch, dass er keine Ahnung hat? Weil Sie in einer Kultur groß geworden sind, in der nicht Einklang und wechselseitige Bereicherung die Idee der Ehe bestimmen, sondern eigentumsrechtliche Erwägungen! Weil Sie nur so die Illusion aufrechterhalten können, dass der oder die Ihre wirklich nur Ihnen gehört.

Warum verlangen wir vor allem, dass die Bindung ewig ist? Unsere Vorfahren sind erst sehr spät auf diese erstaunliche Idee gekommen: zum unauflöslichen Sakrament wurde die Ehe erst 1563 erklärt, als das vatikanische Konzil von Trient zu Ende ging. Einfach selbstverständlich ist die ausschließliche Einzig-Ehe also keineswegs. Ganz im Gegenteil: von 185 Kulturen, die das Human Relations Area Project der Yale-Universität einmal untersucht hat, waren genau 176 polygam. Müssen ist schließlich der schnellste Weg zum nicht mehr Wollen! Bei den Naturvölkern und dem nicht katholischen Rest der Menschheit hielt die Bindung, solange sie beiden Partnern mehr Freude brachte als Leid. Offensichtlich tat sie das meist ganz ohne gesetzlichen Zwang, warum sollte es auch anders sein. Falls es jedoch mal anders kam, dann konnte jeder der beiden jederzeit dem Verhältnis ein Ende setzen, und das war kein Drama.

Was die Eroberer und Missionare damals jedoch nicht nur aus der Fassung brachte, sondern regelrecht auf die Palme, war, dass die Wilden von regelmäßiger Arbeit nichts wissen wollten. Wie recht sie hatten, beweist die Tatsache, dass es mit dem einfach Rumsitzen und Glücklichsein wahrhaftig vorbei war, als sie dann zur Arbeit gezwungen wurden, und zwar per Gesetz und mit der Peitsche – gegen ihre Natur. Die Natur hatte der undankbare zivilisierte Europäer schon damals lange vergessen, dabei ist selbst im heutigen modernen Alltag unser Leben nicht so sehr das Resultat unserer verzweifelten Anstrengungen, sondern zuerst einmal ein unfassbares Geschenk, sprudelnder Überfluss der Natur, eine glückliche Fügung, meinetwegen göttliches Eingreifen. Arbeiten müssen wir nur, weil uns das bloße Dasein keine Freude mehr macht. Arbeiten müssen wir immer für andere – für uns selbst tun wir etwas, wir schaffen, wir sind schöpferisch. Arbeiten müssen wir nur, weil wir nicht mehr wild sind.

Es ist kaum mehr als hundert Jahre her, dass ein weiser Häuptling der nordamerikanischen Indianer klargestellt hat, dass seine jungen Männer nicht arbeiten sollten, da sie dann keine Zeit zum Träumen hätten, und so ihren eigenen Weg nie finden könnten. Offensichtlich müssen wir auch das Träumen zu den lebenswichtigen Bedürfnissen des Menschen zählen. Ohnehin ist Arbeiten, also fremdbestimmtes Schaffen, sicher die niedrigste, schändlichste und verachtenswerteste Tätigkeit für ein Wesen, von dem man sagt, es sei Gottes Ebenbild. Doch in unserem Alltag ist feste Arbeit das Erste und bestimmt den weitaus größten Teil unseres Lebens. Viele müssen bei der festen Arbeit auch noch feste reinhauen. Die Peitsche wurde ja zumindest bei uns irgendwann abgeschafft, etwa zeitgleich mit den weisen Häuptlingen und ihren Völkern.

Ohne feste Arbeit hatten die ursprünglich lebenden Menschen auch ein ganz anderes Zeitgefühl. Der Gedanke, Zeit sparen, gewinnen, verlieren, verschwenden oder gar umstellen zu können, ist „ganz entspannt im Hier und Jetzt" tatsächlich völlig absurd.

<u>Wawashkesh, ein kanadischer Indianer, hat dazu gesagt:</u>

„Mein Volk hat sehr gut beobachtet. Sie kannten die Umdrehungen, die man heute Tage, Monate und Jahre nennt. Sie haben ihre Verabredungen mit der Erde, der Sonne und miteinander pünktlich eingehalten. Aber sie brauchten keine Kunstgriffe, um sie dem Leben aufzuzwingen. Sie kannten keine Wochen, Stunden, Minuten oder Sekunden, weil es in der Natur so etwas nicht gibt.

Gute Zeiten und schlechte Zeiten, vielleicht ist das eine brauchbare Definition für die Art von Zeit, die mein Volk kennt. Genau wie alle anderen haben sie mit ganzer Kraft versucht, nur gute Zeiten zu erleben. Um das zu tun, mussten sie sehr genau auf die Zeit eingespielt sein. Sie mussten wissen wann (...) die Lachse wieder in die Flüsse zurückkehrten; wann die verschiedenen Beeren reiften; wann man den wilden Reis ernten konnte; wann man Mais, Kürbis, Kartoffeln und all die anderen Arten von Gemüse pflanzte.

Mein Volk hatte eine endlose Kette von Terminen einzuhalten, aber es hielt sie ein, wie der Fluss fließt, nicht wie die Uhr tickt. Zeit kam zu ihnen in den Jahreszeiten. Sie mussten ihr nicht hastig entgegeneilen, als könnten sie dadurch schneller in die Zukunft gelangen.

Für mein Volk waren die schlechten Zeiten immer durch Geschehnisse bedingt, die außerhalb ihrer Kontrolle lagen. Und die schlechten Zeiten waren oft sehr schlecht. sie konnten in Hunger oder Tod enden. Menschen, die in aufgespaltener Zeit leben, in der Zeit der Uhren und Terminkalender, können auch schlechte Zeiten dieser Art erleben, wie etwa Erdbeben oder Tornados. Aber für die meisten von ihnen sind die schlechten Zeiten eingeplant durch die Arbeitszeit von 9 bis 5 Uhr.

Für die meisten Menschen ist die gewohnte Routine der aufgezwungenen Arbeitszeit, um den „Lebensunterhalt" zu verdienen, die schlechte Zeit. Allein die Befreiung von Arbeit ist für sie

bereits ausreichend, um gute Zeit zu sein. So sind sie dann am Ende eines Arbeitstages zufrieden, vorm Fernseher zu sitzen oder die Zeitung zu lesen. Gute Zeiten sind selten für diejenigen, die in abstrakter Zeit leben. (...)
Nicht-Indianer verlassen sich auf Verabredungen, die natürlich immer in der Zukunft liegen. Und das macht sie unsicher. Indianer verlassen sich auf die Realität, die sich nur in der Gegenwart abspielt. Und das bewirkt Geselligkeit und Zufriedenheit". (2)

Es leuchtet ein, dass Menschen mit diesem Zeitgefühl es wesentlich leichter haben, voll und ganz da zu sein, wo sie gerade sind. Es ist genau so klar, dass jeder Terminkalender und jeder Stundenplan genau das verhindern. Kein Mensch ist geboren, um jeden Tag zur gleichen Stunde am gleichen Ort das Gleiche zu tun.

„Tagelang war sonniges Wetter und die Fische sprangen vor Lust", sagt Wawashkesh an anderer Stelle, „aber kein weißer Mann ließ sich blicken. Jetzt, wo es regnet, haben sie das, was sie Wochenende nennen, und stehen in Scharen missmutig am düsteren Fluss, um zu angeln, natürlich ohne viel Erfolg."Logisch, dass gute Zeiten selten sind für die, die in abstrakter Zeit leben, weil Abstraktionen die Realität verhüllen.

Da wir schon bei den Indianern Nordamerikas sind, können wir gleich noch einen gravierenden Unterschied zu uns und unserer sozialen Organisation betrachten: das Fehlen jeder Hierarchie. Es gab keine Obrigkeiten und keine Untertanen. Auch wenn immerzu die Weisheiten der Häuptlinge zitiert werden, worunter sich jeder Weiße sofort etwas wie einen Vorgesetzten vorstellt, waren die Häuptlinge keine Obrigkeit. Autorität hatten sie sicherlich, von Natur aus, aber die Funktion des Häuptlings übten sie nur in ganz bestimmten Situationen aus, auf dem Kriegspfad zum Beispiel. Dann hatte der Kriegshäuptling schnelle Entscheidungen zu treffen, aber bei der Jagd war es ein anderer, und beim Marsch oder bei Verhandlungen wieder ein anderer. Im Rat jedoch hatten auch diese nicht mehr Rechte als alle anderen – und stets berieten sie alle so lange, bis sie einstimmig zu einer Entscheidung gekommen waren. Dieser absolute Wille zur Einstimmigkeit, diese Einsicht in die Notwendigkeit, ist sicher einer der Gründe dafür, dass, wie es einer jener Häuptlinge ausgedrückt hat, ein Mensch nur so lange ein Mensch bleiben kann, wie die Gemeinschaft, in der er lebt, nicht mehr als dreitausend Seelen umfasst. Das ist immer noch tausendmal so viel wie einmal Vater, Mutter, Kind.

Wo bei uns gerne von der Bevölkerungs-Pyramide gesprochen wird, die sogar die Dollarnote schmückt, weil sie die Struktur unserer Gesellschaft so schön darstellt, da schwärmten die Indianer vom „kreisförmigen Bund des Stammes". Auf der Pyramide ist ganz oben nur Platz für Einen, und dieser Eine, die Nummer Eins, findet sich bei uns auch immer, egal wofür und möglichst gleich mit Ersatzmann. Im Kreis dagegen gibt es kein oben und unten, alle sind gleich, so gleichwie sie bei uns im besten Fall auf jeweils einer Stufe der Pyramide sind. Per Definition ist der Kreis die geometrische Figur der absoluten Gleichwertigkeit aller Punkte.

Den Indianern war der Kreis heilig, weil der Weg des Lebens die Kreisbahn ist, weil alles in Kreisläufen ist, weil man sich den Menschen oder jedes andere Wesen als Schnittpunkt einer Vielzahl von Kreisläufen vorstellen kann, weil der Kreis so stabil ist und weil er so schön ist. Allein deshalb, aus Respekt vor dem heiligen Kreis, mussten ihre Entscheidungen einstimmig getroffen werden.(Und aus Respekt vor dem Kreis haben sie das Rad lieber nicht erfunden.)Fest steht, dass im Kreis die sich gegenüber Sitzenden zwei Seiten einer Sache sehen und dass jeder im Kreis etwas anderes sieht. Diese Vielfalt ist allem Leben förderlicher als die Einfalt. Evolution ist immer das Hervorbringen von Vielfalt gewesen; die Vernichtung von Vielfalt ist also das exakte Gegenteil von Evolution.

Doch selbst heute trennen uns im Grunde nur zwei einfache Gebote vom Glück all dieser natürlich lebenden Menschen: Alle sind für alle da, alles ist für alle da. Eigentlich sind das nicht einmal Gebote, sondern schlichte Beschreibungen kosmischer Wirklichkeit. Die Astrophysiker werden es bestätigen: nichts ist verschlossen im Kosmos, weder eingeschlossen noch ausgeschlossen. Deshalb nennen wir die wenigen noch existierenden und bedrohten oder die zahllosen schon ausgerotteten „Wilden" natürlich lebende Menschen.

Wo alle für alle da sind, hat die Liebe leichtes Spiel. Alles wird geteilt, also kann keiner was wegnehmen, alle ziehen an einem Strang, also will keiner dem Anderen was Böses. Deshalb lebten diese so gern Barbaren genannten Menschen nicht in ständiger Angst. Nicht einmal ihre Siedlungen waren befestigt, was erst dann zum schlimmen Versäumnis wurde, als der nicht mehr natürlich lebende Mensch auftauchte. Das war für diese Völker tatsächlich die Vertreibung aus dem Paradies. Es ist bemerkenswert, dass der Mensch in der Bibel erst mit diesem Drama auftaucht, und wie wir später noch sehen werden, ist ebenso bemerkenswert, dass es schon in der zweiten biblischen Generation zu Mord und Totschlag kommt. Nach der Bibel soll der neidische Landwirt den Viehzüchter erschlagen haben, weil dessen blutiges Opfer Gott besser gefallen hatte als des Bauern Gräser und Körner. Historisch betrachtet, liegt der Fall eher umgekehrt. Die Menschen, welche wir gerade als die ersten nicht mehr natürlich lebenden Menschen bezeichnet haben, waren nämlich nomadisierende Viehzüchter. Auch die Bibel ist wohl von ihnen geschrieben worden, und man weiß ja, wie Sieger mit der Wahrheit umgehen. Wir werden noch einige Aussagen mehr aus diesem Buch als Verfälschungen erkennen, die allein der Rechtfertigung der neuen Verhältnisse dienen sollten. Auch unsere Geschichtsschreibung nimmt in diesem Zeitraum ihren Anfang. Jeder sogenannte Fortschritt war seitdem ein Schritt fort von der Natur, also auch fort von der natürlichen Liebe.

<u>Das alte Testament als Geschichtsschreibung der Sieger</u>

Die grundsätzliche Neuerung der neuen Religion der Juden, die auch unsere ist, war die Abschaffung des zahlreichen Personals in der Chefetage. Dort residierte nun nur noch ein einziger, meist griesgrämiger alter Herr, dessen cholerische Anfälle zu den spannendsten Episoden der Bibel gehören. Oft genug schien er sich angewidert von seiner Schöpfung abzuwenden.

Offensichtlich war das Werk des Allmächtigen auch nicht ganz ohne Fehler. Sein Spitzenprodukt jedenfalls, der Mensch, Adam genannt, langweilte sich im Paradies sehr bald gewaltig und kam trotzdem nicht einmal auf dumme Gedanken. Da erst bemerkte Gott, dass er etwas Existenzielles gegen die Langeweile vergessen hatte. Schnell schuf er die Frau nach, und tatsächlich, mit der Langeweile war es ein für alle mal vorbei.

Weshalb er dabei nicht auf den bewährten Lehm zurückgriff, sondern auf eine Rippe Adams, konnte nie geklärt werden. Da der heutige Mensch wie alle anderen Säugetiere über einen symmetrischen Brustkorb verfügt, muss der alte Adam eine ungerade Zahl von Rippen besessen haben und somit schief gebaut gewesen sein. Möglicherweise hatte der Allmächtige sich einfach verzählt, und sah die Möglichkeit, seinen Fehler dezent zu beheben. Dann wäre Eva ein gelungenes Beispiel von frühem Abfall-Recycling.

Leider konnte sich Adam jedoch nur eine kurze Weile über die endlich verflogene Langeweile freuen, als auch schon die Katastrophe über ihn hereinbrach, jene große Katastrophe, die ihn seitdem ständig daran erinnert, dass Langeweile nicht das Schlimmste ist, was einem widerfahren kann.

Seine ganze angenehme Welt sollte zusammenbrechen, bloß weil die angeblich nur zu seiner Unterhaltung geschaffene neue Gefährtin sofort alles falsch machen musste. Schrecklicher als Eva kann eine Person in einer Geschichte gar nicht auftauchen. Sie wurde sozusagen als schwarzes Schaf geschaffen. Seitdem ist die Schuldfrage endgültig geklärt, nicht nur für Gott und Adam. Die einzige weibliche Person in der Bibel, die nicht schlecht gemacht wird, ist die spätere Mutter Gottes.

Diese systematische und oft groteske Verleumdung des weiblichen Geschlechts war nötig, um die Frau von dem Podest herunterzuholen, auf dem sie im Weltbild der „Barbaren" immer gestanden hatte. Plötzlich stand dort nur noch ein alter Mann, für den das Podest viel zu groß war. Der hatte nun einen Grund gefunden, die Menschen für immer aus dem Paradies zu jagen und sie auf ewig zu verfluchen, allem voran das arme Weib, Eva, die versaute Rippe.

Diese Schöpfungsgeschichte sollte vor allem die brutalen Überfälle der Viehtreiber schnell vergessen lassen. Und nebenbei sollte sie die Schuld für das neue Leben, das eine Qual war, dem Herrgott und seiner schlechten Laune in die Schuhe schieben. Wer an der schlechten Laune schuld war, wurde ja ein für alle mal klargestellt.

Dass seit der Vertreibung aus dem Garten Eden Totschlag und Mord, der immer Brudermord ist, zum Wesen des Menschlichen gehören, stellt die Bibel gleich anschließend klar. Dass sie dabei den Standpunkt des Viehzüchters einnahm, zeigt sich schon in der Vorstellung, dass Gott das blutige Opfer gefälliger sein müsse als das Grünzeug des Ackerbauern. Vermutlich steht auch diese Geschichte vom bösen Ackerbauern nur drin, um die Raubzüge der nomadisierenden Hirten zu beschönigen. Mord und Totschlag sind tatsächlich schön geredet worden, trés chic, bis heute. Bis heute verfolgt uns das „Auge um Auge, Zahn um Zahn" dieser kriegerischen Stämme.

Aber das Schlimmste in der Bibel, der Gipfel des Zynismus, ist wohl der grauenvolle Marschbefehl, den der Herr den Menschen auf den Weg mitgegeben haben soll: „Seid fruchtbar und mehret euch und füllt die Erde und macht sie Euch untertan!" Feiner Herr das! Zu seinen Gunsten muss man annehmen, dass er es so nicht gesagt hat.

Deutsch hat er ohnehin nicht gesprochen, aber nicht nur der Übersetzer, sondern schon Moses selbst könnte ja etwas falsch verstanden haben. Fruchtbar, Mehren und Füllen drücken zum Beispiel dreimal das Gleiche aus, so reden Betrunkene, keine

Götter. Und das Wort Untertan ist eines Gottes unwürdig, so wahr mir Gott helfe. Keinesfalls stammt es von einem schöpferischen Geist, schon gar nicht von einem Schöpfer.

Zuerst habe ich meine israelischen Freunde gefragt, wie sich das im Original anhört. Übertrieben orthodox sind meine jüdischen Freunde nicht. Eine ganze Weile wusste keiner was mit den Worten anzufangen, bis plötzlich einer eine Erleuchtung hatte: „Ja", rief er, „ich weiß, was du meinst, seid fruchtbar, aber dann kommt ERFÜLLET die Erde." Weiter wusste er auch nicht. Immerhin, Erfüllen ist etwas ganz anderes als Füllen. Erfüllen kann man Wünsche, erfüllen kann man eine Geliebte, oder eine geliebte Erde. Seid fruchtbar und mehrt euch und erfüllet die Erde! So begegnete es mir später noch einmal, in D.H.Lawrences „Regenbogen". So ist es ein göttlicher Auftrag, zumindest bis dahin.

Aber erfüllen und gleichzeitig untertan machen, das geht wirklich nur für Viehzüchter und Dompteure. Für mich kam der Untertan von Luther, aus dem Denken seiner Zeit. Ein schrecklicher Übersetzungsfehler, der es weit gebracht hatte. Kaum zu glauben. Deshalb habe ich vor kurzem den Rabbi meiner Heimatstadt angerufen, um Auskunft vom Fachmann zu erhalten. Der Rabbi fand die Stelle schnell und übersetzte – ins Englische, Deutsch konnte er nicht. Er benutzte das Wort *subdue*, unterwerfen. Auf meinen Einwand, dass Gott ein Arschloch sein muss, wenn er dem Menschen diesen Auftrag gegeben hätte, stutzte der Rabbi, meditierte ein wenig über den Worten und sagte dann: „Das hier ist eindeutig ein militärischer Auftrag." Kriegerische Stämme, sag ich ja.

Nun zweifele ich nicht mehr an Luther, nicht mehr an Moses und an Gott auch nicht, wohl aber an den Viehzüchtern, die die Bibel geschrieben haben – oder schreiben lassenhaben. Da waren wohl eher Kriegsberichterstatter gefragt, im Sinne von:„Seit heute früh wird zurückgeschossen!" oder „Das kommt alles aus Afghanistan." Wenn das wirklich Gottes Auftrag war, sind Dick

Cheney, Kissinger und Netanyahu samt Konsorten seine Prophe-
ten.

2 Der Anfang vom Ende

Die Gesellschaft ist ein Kriegszustand,
der durch Gesetze geregelt wird.
(Maurice Joly)

Unsere Geschichtsschreibung beginnt mit den Griechen, fährt mit den Römern fort und kommt erst dann zu uns. Das ist so, weil unsere Kultur diesen Weg genommen hat. Es ist doch merkwürdig, dass in good old Germany Geschichte nicht mit den Germanen beginnt. Kulturell, das muss man schon sagen, sind wir ein kolonisiertes Volk. Bis 1806 lebten unsere Urahnen im „Heiligen Römischen Reich Deutscher Nation", wie das Land zwischen Maas und Memel, von der Etsch bis an den Belt offiziell genannt wurde. Rechtlich begann das ganze 650 Jahre vorher mit Friedrich I., Barbarossa, obwohl sich die deutschen Kaiser schon seit Karl dem Großen ausdrücklich der Tradition Roms verpflichtet sahen. Der hatte sich nämlich, um diese freudige Unterwerfung deutlich zu zeigen, im Jahr 800 von Papst Leo zum Kaiser krönen lassen. Deshalb sind uns Jupiter, Mars und Amor, genau wie Zeus, Nike und Eros näher als Wotan, Thor und Freya. Und unser heutiges Verhalten gibt der Geschichtsschreibung recht. Unsere Kultur ist die der Griechen, und sie ist mit den Römern über uns gekommen.

Über die Griechen sind wir bestens informiert – glauben wir. Odysseus und Achilles sind unsere Helden, die Geschichte vom Trojanischen Pferd kennt jedes Kind. Deshalb werden wir jetzt einmal einen prüfenden Blick zurück werfen, auf die Griechen, die wir allerdings nicht in Griechenland finden. Das gab es nämlich noch gar nicht. So nannte man erst später die Gegend, in der die verehrten Griechen während des zweiten Jahrtausends vor Christus aus dem vorderasiatischen Raum kommend einfielen. Genaues weiß man nicht über ihre Herkunft und den Weg, den sie genommen haben. Es ist aber ziemlich klar, dass sie zu den vaterrechtlichen Stämmen kriegerischer, marodisierender Viehzüchter gehörten, welche erstmals im 6.Jahrtausend v.Chr. in der heutigen Sahara auftauchten, die damals noch keine Wüste war. Man hält es für möglich, dass der Wandel zur Wüste der Anlass ihres Aufbruchs in andere Regionen war.

Der Krieg gegen die Frauen und die Liebe hängt zumindest zeitlich mit dem Aufkommen der Viehzucht zusammen, wahrscheinlich sogar ursächlich. Den Viehzüchtern ist auf jeden Fall der männliche Anteil an der Fortpflanzung schnell klar geworden, der ihren Ahnen angeblich nicht bewusst war. Und die Zähmung eines wilden Tieres ist eine Form der Herrschaft, etwas was es in der Geschichte dieser Menschen bis dahin nicht gegeben hatte. Nur ein gehorsames Tier ist ein zahmes Tier. Auch Gehorsam hatte es bis dahin nicht gegeben. Erreicht wird das Ziel durch Schmerz und Angst, durch Strafen und Belohnungen. Das Ziel ist der gebrochene eigene Wille, die Zerstörung der ursprünglichen Kraft, des eigentlichen Wesens. Ziemlich genau das Gegenteil des stärkenden, liebenden Wirkens der Natur.

Um bildlich zu machen, was die Unterwerfung eines frei lebenden, wilden Tieres und seine Verwandlung in ein völlig anderes Lebewesen bedeuten, folgen hier ein paar Absätze aus Karen Blixens Afrika-Erinnerungen „Jenseits von Afrika", die sie 1937 unter dem Pseudonym Isak Dinesen veröffentlichte, weil sie einem von einer Frau verfassten Werk wenig Erfolgschancen einräumte. Die Auszüge stammen aus dem Kapitel:

„Die Ochsen Afrikas"

"Die Ochsen Afrikas haben die ganze Last des Fortschritts der europäischen Kultur geschleppt. Wo immer neues Land gerodet worden war, hatten sie es getan; bis an die Knöchel in der Erde haben sie bis zum Umfallen den Pflug gezerrt, während die Peitschen über ihren Köpfen knallten. Wo es einen Weg gab, haben sie ihn gebahnt; mühsam haben sie das Eisen und die Werkzeu-

34

ge durch das Land geschleppt, das Geschrei der Ochsentreiber hinter sich, durch den Staub und das hohe Gras der Steppen, in denen es außer Ziegenpfaden nie einen Weg gegeben hatte. Vor dem Morgengrauen werden sie ins Joch gespannt und schwitzend steigen sie die langen Hänge hinauf und hinunter, über Dünen und durch Flussbetten, in den heißesten Stunden des Tages. Ihre Flanken sind von den Peitschen gezeichnet und oft sieht man Ochsen, denen eines oder sogar beide Augen durch Peitschenhiebe herausgerissen worden waren. Die Ochsen (...) arbeiten jeden Tag, ihr Leben lang, ohne jeden Ruhetag.

Es ist befremdlich, was wir den Ochsen angetan haben. Stiere sind unentwegt in einem Zustand der Erregung, sie rollen mit den Augen, scharren mit den Hufen den Boden auf, wütend über jeden, der in ihrem Blickfeld erscheint; doch sie haben ein eigenes Leben, Feuer sprüht aus ihren Nüstern und aus ihren Lenden entspringt neues Leben; ihre Tage verbringen sie mit der Wahrnehmung und der Befriedigung ihrer vitalen Bedürfnisse. All das haben wir den Ochsen genommen, und zum Ausgleich haben wir von ihrem Dasein Besitz ergriffen. Die Ochsen sind unser Leben lang bei uns und schuften die ganze Zeit mit all ihrer Kraft, Wesen ohne Leben, Dinge für unseren Gebrauch. Sie haben feuchte, leere Augen.(...) Die Ochsendenken: `So ist die Welt nun einmal und das sind die Bedingungen des Lebens. Sie sind hart, sehr hart. Alles nur, weil wir geboren sind..."(3)

Viehzüchter waren wohl die Ersten, die das Gefühl der Macht über andere Wesen kennenlernten und bald so natürlich fanden wie leere, feuchte Augen. Da sie nicht mehr im reinen Einklang lebten, mussten sie ihre Kraft und ihr Glück anderswo finden als im schlichten Sein, und so genossen sie das neue Gefühl der Macht, wahrscheinlich wurden sie süchtig danach. Jedenfalls behauptet Henry Kissinger, dieser arme Irrende, dass Macht das stärkste Aphrodisiakum sei. Da ist Herr Kissinger auf dem Holzweg. Starhawk, eine andere Amerikanerin, allerdings mit eingeborenen Vorfahren, hält Herrschaft für eine sadomasochistische Vorstellung und weist darauf hin, dass es in allen einschlägigen Spielen um Macht und Unterwerfung geht. Meine Beobachtungen auf St. Pauli bestätigen Starhawk. Aber lassen wir Cowboys und Indianer und kommen zu den geschichtlichen Hirten zurück.

Da Viehtreiber viel herumziehen müssen, blieb häufiger Kontakt zu anderen Sippen oder Stämmen nicht aus. Es ist sehr gut möglich, dass es ein Viehtreiber war, der bei einer solchen Gelegenheit zuerst auf die Idee kam, auch andere Menschen zu unterwerfen, um mehr Macht zu erringen, und bald mehr und mehr. Auf jeden Fall waren herumziehende kriegerische Stämme aus dem Sahara-Raum die Ersten, die sich so verhielten und ihren Herrschaftsbereich ständig ausdehnten, indem sie ihre Nachbarn unterwarfen. Aus diesem Raum stammen auch die ältesten Hinweise auf systematische Misshandlung von Kindern. Funde belegen, dass die Kleinen dort nicht nur handlich eingeschnürt wurden, um während des Marsches, eines möglichen Angriffs oder gar der Flucht stillgelegt zu sein, was ja noch nachvollziehbar wäre. Aus unerklärlichen Gründen wurden aber auch ihre noch weichen Schädel in eine unnatürlich spitze Form gepresst, was für den kleinen Wurm wohl keine Wohltat war.(4) Ob es der Versuch war, ein klares Merkmal der Zugehörigkeit zu schaffen, so etwas wie eine künstliche „Herrenrasse"? Die hohen spitzen Köpfe tauchen jedenfalls wenig später bei den Pharaonen des alten Ägypten wieder auf. Oder war es der erste Verbesserungsversuch am Menschen, also im heutigen Sinn eine Schönheitsoperation? Liebe und Einverständnis waren es jedenfalls nicht.

Als die kriegerischen Kuhhirten schließlich in Griechenland einfielen, das, wie gesagt, noch nicht so hieß, wurde unsere spätere Kultur offiziell geboren. Deshalb machen all unsere Geschichtsbücher als Erstes die kriegerischen Raubhirten zu Helden, die das Land von den dort vorher lebenden Barbaren „befreit" und das neue Recht gebracht hatten. Den ganzen Kriegszug nennt man immer noch „Heldenzeitalter".

Die eroberten und entrechteten Frauen, deren Männer abgeschlachtet oder versklavt worden waren, wurden nun griechische Ehefrauen. Sie hassten die Männer, die sie zu Sklavinnen gemacht hatten und erinnerten sich gut an die Zeit, da sie Mittelpunkt und Halt der Gemeinschaft gewesen waren. Die Männer wiederum verachteten die Frauen eines Stammes, der sich nicht einmal gewehrt hatte, und gleichzeitig fürchteten sie sich vor deren Hass und ihrer Rache. Von Liebe keine Spur. Seine Frau zu begehren oder gar zu küssen, war für den griechischen Mann unvorstellbar. Eher hätte er seine Kuh geküsst.

Da jedoch auch der größte Held sich ab und zu nach Liebe sehnt, sannen sie auf Auswege. Ihre Frauen kamen nicht in Frage, aber richtig schwul waren sie auch nicht. Mit noch einem Bärtigen wäre damals kaum ein Grieche ins Bett gegangen. Also kamen nur Huren, Sklavinnen oder Bartlose in Frage, Milchbubis. Ehrbar war nur der Umgang mit den Knaben. Es ist die reine Wahrheit: Platon und Aristoteles und all die anderen Väter unserer Kultur trieben es mit Knaben, bis denen ein Bart wuchs. Damals wurde das natürlich nicht Kinderschändung genannt, sondern liebevolle Erziehung. Der Ort der Tat war das Gymnasium, das zu der Zeit ohnehin der körperlichen Ertüchtigung gewidmet war.

Auf diesem Mist ist unsere Kultur gewachsen – und da wundern wir uns noch. Aus dem damaligen Unrecht ist unser Recht entstanden. Gesetzlich festgeschriebenes Recht wurde überhaupt erst nötig, als der allgemeine Einklang zerstört war. Unser Familienrecht hat seine Wurzeln in den Besitzverhältnissen der Sklavenhaltung. Unser bürgerliches Recht ist der Versuch, die plötzlich erlaubte Anhäufung geraubter Güter in den Händen Einzelner und die widernatürliche Rechtlosigkeit der Frau zu RECHTfertigen.

Der Polizeistaat ist nichts weiter als der krasseste Ausdruck dieses Rechts, das vor allem der Absicherung unnatürlicher Macht und widernatürlichen Reichtums dient. Teilen war wesentlich einfacher und unvorstellbar viel erfreulicher. Außerdem stärkte es den Einzelnen, die Gemeinschaft und das Ganze. Das hatte ich ganz vergessen: Apotheken und psychiatrische Anstalten gab es bei den Barbaren auch nicht.

Die konnten sogar Drogen GEbrauchen, ohne sie zu missbrauchen. Weil sie sich die Kraft der Droge nicht aneignen wollten, sondern durch deren Kraft eine innigere Vereinigung mit der Natur erhofften. Nicht der Wunsch, sich „auch das noch reinzuhauen" trieb sie an, sondern das Wissen um das Glück der bedingungslosen Hingabe, des völligen Einklangs. Auch das war Gottesdienst.

Ach ja, die Götter: die haben die Griechen natürlich sofort ausgewechselt, genau wie nach ihnen die Römer und dann die Christen. Gemeinsam war allen späteren Göttern, dass der oberste ein alter Mann war, bei den Griechen wenigstens noch ein lebensfroher Genießer. Zeus war ein reiner Lustmolch. Die wenigen Göttinnen, die blieben, waren seltsame Wesen, Athenae zum Beispiel ist aus dem Kopf des Gottvaters Zeus geboren. Welch alberner Patriarchentraum! Auffällig war bei den griechischen Göttern der Heidenspaß, den sie an kleinen und großen Gemeinheiten hatten, vermutlich ein anderer heimlicher Traum der griechischen „Helden" und der zarte Keim aller späteren Sado-Maso Spielereien.

Bei den Römern, die den Griechen im Aufbau unserer Kultur folgten, verwirklichten die Helden ihre Träume nicht im Himmel sondern auf Erden. Die „Spiele" im römischen Kolosseum waren vielleicht nicht so effektiv wie die Endlösung, aber in einer Hinsicht noch entsetzlicher: das ganze Gemetzel wurde zum Ergötzen jubelnder Menschenmassen veranstaltet. So weit sind nicht mal Zeus oder Hitler gegangen.

Doch Rom war ein Imperium mit einem Weltmacht-Anspruch. Weltmächte brauchen immer Soldaten, viele Soldaten. Die haben etwas gemein mit den Ochsen Afrikas: sie werden abgerichtet. Die römische Erziehung war so brutal, dass sie weit eher an die entschlossene Bändigung eines Tieres erinnert als an liebevolle Lebenshilfe. Im Wappen schon trug Rom das Rutenbündel, die *fasces,* mit denen Straftäter, Soldaten und Kinder oft und gern geschlagen wurden. Davon stammt das Wort Faschismus ab. Da Rom viele Soldaten brauchte, kam es sogar auf die Idee der Zwangsehe. Der erwachsene Römer musste heiraten, oder er wurde verheiratet, aus staatlichem Interesse.

Da wir schon beim Familienrecht und den Wurzeln unserer Worte sind, darf nicht unerwähnt bleiben, dass sich unser schönes Wort Familie von der römischen *familia* ableitet. Die umfasste allerdings den gesamten beweglichen Besitz des Familienoberhaupts, das immer ein alter Mann war: Vieh, Sklaven, Frau, Kinder und Kindeskinder.(5) Mit seinem Privatbesitz durfte jeder Römer machen, was er wollte. Er durfte, wenn es ihm einfiel, Frau, Kinder oder Sklaven töten wie Schafe oder Ziegen. Dieses Recht behielt der alte Mann bis zu seinem Tod, auch noch bei einem mittlerweile sechzigjährigen Sohn. Als der Missbrauch überhand nahm, eignete sich der Staat dies Recht an. Seitdem ist es eigentlich nicht mehr zutreffend, vom Patriarchat zu sprechen. Der Staat hat sich zu einem System entwickelt, das sich selbst reguliert und allenfalls Attrappen von Patriarchen braucht. Das „Eigentumsrecht" an seinen Kindern hat der Staat heute noch. Besser hätte er es abgeschafft.

Doch nicht einmal die Christen, die es weiß Gott wirklich besser hätten wissen sollen, gaben dem Menschen sein gottgegebenes Recht auf freie Entfaltung zurück, als sie die Macht in Rom übernahmen. Ganz im Gegenteil, nun wurde den Opfern die Zunge herausgerissen und ihnen flüssiges Blei in den Rachen gegossen. Dank der Kreuzzüge, der Inquisition und der „Christianisierung" der neu entdeckten Welten sollten diese unfeinen Methoden Jahrhunderte lang die christlichen Umgangsformen prägen. Offiziell abgeschafft wurde die Inquisition erst im 19. Jahrhundert, am Rande sei's erwähnt.

Es ist schon erstaunlich, wie schnell die Kirche die Liebesbotschaft Christi in ihr Gegenteil verkehrte. Wilhelm Reich meinte, dass sie das tun musste, um die Perversion der Botschaft Christi in eine allgemeine Massenvögelei zu verhindern. Vielleicht hätte

Christus eine Massenvögelei eher akzeptieren können als die Ausrottung der Liebe. Sicher kommen wir der Wahrheit näher, wenn wir feststellen, dass auch die Päpste zuerst einmal Römer waren, also charakterlich verroht und vor allem an Macht interessiert.

Die Verleumdung der Frau im Christentum ist manchmal schlicht grotesk. Sie ist existenzieller Teil dieser Religion. Wie jeder ordentliche Jude hatte wohl auch Jesus eine Frau, denn erwachsene ledige Juden sind nicht gut angesehen und Prediger im Zölibat schon gar nicht. Wer die Frau, die ganz offensichtlich mit Jesus zusammen lebte, zur Prostituierten herabwürdigt, könnte genau so gut sagen, dass Gottes Sohn sein bisschen Geld im Puff gelassen hat.

Dass es eine Geliebte in Roms Weltbild gar nicht geben konnte, sondern nur ehrbare und somit nicht attraktive Ehefrauen sowie ehrlose aber attraktive Flittchen, ist einfach zu verstehen. Die Liebe existierte nicht in diesem Weltbild. Ovids berühmte Schriften über die Kunst der Liebe sind auch eine Sammlung billiger Tricks, um alten Ehemännern bei ungeliebten Ehefrauen doch noch irgendwie zu einer Erektion zu verhelfen. Ovid selbst sah gerne heimlich zu, wie ein Anderer sein Weib bestieg, vielleicht fand er den Nebenbuhler einfach attraktiver als die Frau. (6)

Die Geschichte von Maria und dem heiligen Geist als Taube erinnert fatal an die von Leda und dem Schwan. Nicht jeder Ehemann hätte seiner Frau das geglaubt. Erstaunlich bleibt, dass Jesus trotzdem auf normalem Weg zur Welt kommen durfte und nicht als neue Kopfgeburt oder gar aus der Achselhöhle. Das liegt wahrscheinlich daran, dass er ein ganz normaler Sterblicher war. Erst vierhundert Jahre nach seiner Geburt beschloss die Kirche seinen göttlichen Status – aus machtpolitischem Interesse. Dass Jesus auch Sie und mich zu Gottes Kindern zählen würde, ist sonnenklar.

Damit ist wohl auch die unglaubliche Erfindung der jungfräulichen Empfängnis als echt alberne patriarchalische Wunschvorstellung wie die Kopfgeburt entlarvt. Jesus war ein eheliches Kind und Maria eine hoffentlich gute, vielleicht erfahrene Liebhaberin. Ganz sicher sind seine Botschaften nicht das Resultat strenger, liebloser Erziehung mit dem Rutenbündel. Aber die unbefleckte, die makellose, die überhaupt nicht vollgekleckerte Empfängnis erniedrigt die körperliche Liebe endgültig zur unreinen Liebe, zur Ferkelei. Bis dahin hatten höchstens die Gnostiker schlecht über den ausgelebten Liebesakt gesprochen, eine neue Sekte, die von der Kirche eigentlich bekämpft wurde. Jesus Christus hat jedenfalls nie ein böses Wort über die körperliche Liebe verloren. Trotzdem fügte die Staatskirche diesen Gedanken sofort in ihre Lehre ein. Vorher war immer und überall das Glück der körperlichen Liebe als eines der schönsten Geschenke der Natur besungen und als Weg zur Begegnung mit dem Schöpfer gepriesen worden. Das war nun vorbei. Und aus dem Bock, ewigem Symbol der sexuellen Kraft, machte die Kirche noch schnell den Teufel.

Auch dahinter standen Machtstreben und alte Viehzüchtertricks. Macht braucht Untertanen, möglichst viele, am liebsten uniformiert und auf jeden Fall bedingungslos gehorsam. Ach ja, den wichtigsten Trick der Viehtreiber hat Karen Blixen in ihrer Erzählung von den Ochsen Afrikas vergessen: als Erstes werden ihnen die Eier abgeschnitten! Die Wohlerzogenen unter Ihnen mögen mir die krasse Ausdrucksweise verzeihen, ich habe sie gewählt, weil sie das brutale Geschehen genauer beschreibt als alle zartfühlenden Umschreibungen. Dadurch, dass man ihnen die Möglichkeit der körperlichen Liebe nimmt, hindert man sie daran, ihre eigene Schwingung zu festigen, einzustimmen, einzubinden, aufzuladen, man hindert sie, ihre Kraft mit der kosmischen Kraft zu vereinen, man beraubt sie ihres Wesens. Schwach, blöd und orientierungslos müssen sie tun, was ihnen gesagt wird. Rom ist eine Weltmacht geworden, aber schwach, blöd und orientierungslos untergegangen, und nicht nur Rom.

Was leider nicht mit untergegangen ist, sind maßlose Raffgier und bedingungsloses Machtstreben. Es ist nach Rom nicht einfacher geworden für die Liebe und schon gar nicht für unsere nach Liebe lechzenden Herzen. In den anderthalb Jahrtausenden, die seit Rom vergangen sind, hat die Liebe noch manchen Schlag unter der Gürtellinie hinnehmen müssen, und der Kampf ist lange nicht vorbei. Wäre er vorbei, säße ich nicht an diesem Buch. Dabei kann er nur mit dem Sieg der unerschöpflichen Liebe zu Ende gehen. Trotzdem hat die andere Seite nie aufgegeben, im Gegenteil. Untertanen sind immer noch überall auf der Welt gern gesehen.

Die Inquisition ging nicht mehr auf Roms Konto, auch wenn der Papst immer noch dort residierte. Unser deutsches Wort dafür sagt klar, worum es den Greisen vor allem ging: Hexenverfolgung. Noch immer mussten die Patriarchen Angst vor Hass und Rache der Frauen haben, Angst vor dem Wissen und dem Wesen der Frau – Angst vor der Frau als solcher. Die Schätzungen gehen von weit über einer Million bis zu fünf Millionen Frauen, die die römisch-katholische Kirche in fünf Jahrhunderten umgebracht hat, das gibt in etwa den Tagesschnitt des „islamischen" Widerstands-Terrors in seinen härtesten Phasen, um ein aktuelles Beispiel zu nehmen, allerdings fünfhundert Jahre lang, Tag für Tag und Nacht für Nacht. Nebenbei wurde wohl auch der eine oder andere politische Gegner erledigt, oder ein gefährlicher Konkurrent, auch ein allzu kühner Wissenschaftler dann und wann; aber gerichtet war der Schlag gegen die weibliche Kraft und damit auch gegen die Liebe, denn die braucht beide Pole, und zwar gleich stark.

Die Entdeckung und Eroberung der neuen Welten waren der Holocaust der letzten natürlich lebenden Völker, eine drehbuchgenaue Wiederholung des klassischen Heldenzeitalters. Allerdings sorgten die noch nicht lange erfundenen Feuerwaffen für eine Menge neuer Effekte bei diesem Remake. Trotzdem war und ist es der Jahrtausende alte, ewig gleiche Krieg, nur die Waffen werden immer spektakulärer.

Selbst das Zeitalter der vielbejubelten Aufklärung war für die weibliche Kraft alles andere als ein Anlass zur Freude. Die Aufklärung war der Sieg des Verstandes über das Gefühl, den Glauben und die Seele. Diese Zeit steht auch für kalte, maschinelle Weltsicht, asoziales Profitdenken, unbegrenztes Wachstum, Ausbeutung und die endgültige Herrschaft des Kapitals. Endsieg über die Mütter, die Natur und die Liebe hört sich längst nicht so schön an wie Aufklärung, ist aber im Prinzip das gleiche Programm.

Das aufstrebende Bürgertum, strenger, steifer, prüder und lebloser als alles, was man bis dahin gekannt hatte, baute den Wall gegen die Liebe fleißig weiter aus. Nun erreichte die Vorstellung der einmaligen großen Leidenschaft, die bis dahin dem Adel vorbehalten war, zum ersten Mal breite Schichten der Bevölkerung. Die allgegenwärtige, alltägliche Liebe wurde als Laster gebrandmarkt und damit ganz und gar gesellschaftsunfähig. Die gleichen Leute, die so stolz waren, endlich freie Bürger zu sein, träumten von unfreier Liebe. Freie Liebe war mit Schimpf und Schande behaftet. Zu allem Überfluss erfanden sie auch noch die Privatsphäre, einen Brutkasten grotesker Missbildungen. Die Auswirkungen auf den Zusammenhalt der Gemeinschaft verstehen sich von selbst. Statt Verantwortungsbewusstsein hatte man die Hoffnung, nicht erwischt zu werden, statt Vertrauen die Angst, der andere könne genauso sein wie man selbst.

Wo der Zusammenhang zerstört ist, verliert das Ganze an Kraft. Es ist absurd, eine Anhäufung von isolierten, misstrauischen Egoisten ohne jeden Gemeinsinn weiterhin Familie zu nennen oder Dorfgemeinschaft oder Volk. Wir haben das große Geschenk der Kohärenz, aus dem Ganzen mehr zu machen als die Summe seiner Teile, in den Abfalleimer geworfen, und da die Einzelnen sich oft genug auch noch bekämpfen, haben wir es sogar geschafft, dass das Ganze wesentlich weniger ist als die Summe seiner Teile. Fort geschritten sind wir wohl, aber voran gekommen sind wir nicht. Wie die Ochsen Afrikas müssen wir für ein Ziel arbeiten, das nicht unseres sein kann. Wie die Ochsen Afrikas mussten wir dafür die Wahrnehmung und Befriedigung unserer vitalen Bedürfnisse vergessen.

Bei uns findet die dazu nötige Kastration allerdings ohne Blutvergießen statt und nicht in der Leistengegend, sondern weiter oben, im Kopf und im angstvoll verschnürten Herzen. Das bedeutet, dass noch alles dran ist. So haben wir vielleicht noch eine Chance, eine kleine, aber reale: die, dass es uns gelingt, unser Herz wieder zu öffnen und von neuem lauthals die Freuden der Liebe zu preisen. Wie schön wäre es, wenn wieder Menschen über diese Erde liefen, aus deren Augen und Lenden ebenfalls Feuer und Leben sprühten!

3 Die Erfindung der großen Liebe

Nur Dich, Dich liebe ich, denn Du bist die Welt für mich,
Du allein, nur Du, Du allein!
(Melitta Berg, deutsche Version
v. To know you is to love you,)

Als noch niemand auf die Idee gekommen war, das segensreiche Wirken der Liebe zu behindern, als noch jeder daran teilhaben durfte und dazu beitragen sollte, als die EINE Liebe noch GEboten war und nicht VERboten, brauchte niemand die große Liebe. Die Liebe selbst braucht die große Liebe ganz und gar nicht, im Gegenteil. Erst als die Liebe nicht mehr Allgemeingut war, musste die große Liebe erfunden werden. Was vorher die Regel war, wurde nun zur Ausnahme. Eine kosmische Erscheinung erniedrigte man zu einer privaten Geschichte. Dabei ist schon die Wortwahl ähnlich grotesk wie bei der freien Liebe. Wir könnten genau so gut den Inhalt unserer Badewanne das große Meer nennen oder eine mickrige Glühlampe große Sonne. Auch Unwahrheiten können grausam sein – die große Liebe ist eine der größten Lügen. Das erfolgreiche Hollywood der 50er und 60er Jahre war eine enorme Fabrik für Propagandalügen. Die große romantische Liebe zwischen Mann und Frau wurde deshalb nicht zufällig von schwulen Schönlingen und oft genug gezierten, leblosen Abziehbildern von Frauen dargestellt und beschränkte sich auf schöne Worte, zuvorkommende Gesten und lang eingeübte Dackelblicke. Dabei ist das Problem gar nicht das Ausmaß der Liebe, sondern viel eher die Tatsache, dass die große Liebe stets im Singular auftauchte – es gab immer nur eine.

Natürlich hat es seit jeher große Lieben gegeben, Beziehungen, deren Einklang außergewöhnlich war, deren Erfüllung tiefer ergriff als andere, deren Zusammenhalt bis zur Unzertrennlichkeit wachsen konnte, deren Glück als großes Geschenk empfunden wurde und deren Verlust schließlich wie ein kleiner Tod erlitten wurde. Das gab es ganz gewiss schon bei den natürlich lebenden Menschen, vielleicht sogar öfter als bei uns, und auf jeden Fall leichter. Das gibt es noch heute in jedem Harem. Selbstverständlich hat auch ein Sultan seine Favoritinnen. Aber das ist nur ein zusätzliches Geschenk und als solches wird es entgegengenommen. Niemals bedeutete die besonders große Liebe etwas grundsätzlich anderes als die allgemein herrschende Liebe; vor allem wurde sie ganz gewiss nicht als Bedingung dafür angesehen, die Liebe überhaupt erst Liebe nennen zu dürfen; und niemals wurde deswegen die nicht so außergewöhnliche Liebe gering geschätzt.

Jedenfalls nicht bis zu der Epoche, in der unsere geschriebene Geschichte beginnt. Denn im gerade von den Griechen eroberten Land war Krieg zwischen den Geschlechtern. Wo vor kurzem die Liebe noch heilig gewesen war, herrschte nun Trauer. Das galt mehr als für alle anderen für die Frauen.

Eine von ihnen wurde in der zweiten Hälfte des 7.Jh. v.C. auf der schönen Insel Lesbos geboren, und sowohl ihr Name, Sappho, als auch der ihrer Heimatinsel dienen heute zur Bezeichnung gleichgeschlechtlicher Anziehung zwischen Frauen. Tatsächlich hat sie ihre glühenden Verse über Hingabe an ein zartes junges Mädchen gerichtet, vermutlich eine Schülerin. Das sind die ersten leidenschaftlichen Verse, von denen unsere Kultur weiß. Dabei war Sappho im heutigen Sinne keineswegs homosexuell. Wahrscheinlich hätte sie die Zärtlichkeiten eines liebevollen jungen Mannes sehr genossen, aber die jungen Männer hatten anderes vor, als liebevoll zu sein, sie mussten ja Helden werden.

Was sollte Sappho tun? Wem sollte sie ihre Liebe schenken? Die feindliche Umgebung machte Verse nötig, um ein Gefühl auszudrücken, das niemand auszudrücken brauchte, als es noch alle gemeinsam fühlten. Und es musste eine Geschlechtsgenossin sein, der dieses Gefühl galt, denn Liebe ist überhaupt nur zwischen Gleichwertigen möglich. Würden Sie etwa Gedichte an einen Mann schreiben, der lieber seine Kuh küsst und Sie wie den letzten Dreck behandelt? Es musste eine Frau auf der Suche nach Liebe sein, die das „Du und nur du allein"-Spiel erfand, denn im gerade wachsenden Griechenland konnte sie Hingabe und Einklang nur mit einer Frau erleben. Sappho brauchte diese Liebe, um sich als Mensch zu fühlen, und ihr Beispiel machte Schule.

Irgendwann verfasste auch Sokrates feurige Gedichte, natürlich an hübsche Buben, über die er den Kopf zu verlieren gedachte. Da er ein Mann war, wurde Sokrates berühmter als seine Lehrerin Sappho, und aus seinem Beispiel entwickelte sich das Gymnasium, der Ort der „liebevollen Erziehung", Gesellschaftsmodell im klassischen Griechenland. Das ist nur logisch. Nur zwischen gleichberechtigten Partnern ist Liebe vorstellbar. Deswegen ist überall der Anteil Homosexueller an der Bevölkerung desto höher, je unterschiedlicher die Geschlechter bewertet werden. (7)

Trotzdem ist nie jemand auf die Idee gekommen, die homosexuelle Liebe zwischen Männern „platonische" Liebe zu nennen, was durchaus nahe gelegen hätte. Taktvoll dient dieses Wort heute zur Beschreibung ganz und gar asexueller Anziehung. Dabei war Plato (Jahrhunderte später) ein großer Bewunderer Sapphos, der das Wort von der liebevollen Pädagogik geprägt und oft und gerne von süßen Buben geschwärmt hat. Es sieht so aus, als ob die Idee der großen, einzigartigen und einmaligen Liebe durch die Hintertür in unser Leben getreten ist. Auch heute noch erzählen die Schwulenfilme die dramatischeren Liebesgeschichten und bieten das spektakulärere Leid. Schließlich verdankt die große Liebe ihm, dem Leid, ihr Entstehen.

Damals, zu Zeiten von Sappho und Sokrates, wurde die alles verzehrende Passion im Allgemeinen noch als eine gefährliche Krankheit betrachtet, die ihr Opfer vom frohen Treiben der Gemeinschaft ausschloss. Die Passion macht aus der Liebe einen Leidensweg, auf dem wir unser Kreuz zu schleppen haben. Auch unser entsprechendes deutsches Wort, Leidenschaft, stellt uns unter die Knute des Leides. Doch ist es immer nur die unmögliche Liebe, die Leiden schafft - die ungelebte Liebe, die nicht erfüllte, die nicht einmal auf Erfüllung hoffen kann. Die gelebte Liebe hätte es verdient, Glückschaft genannt zu werden.

Es dauerte lange, bis der erste Grieche sich auch von einer Frau zu einem derartigen Gefühl hinreißen ließ - und es war sicher eine Hetäre, eine Liebesdienerin, die zwar nicht professionell im heutigen Sinne war, jedoch reich beschenkt wurde. Es musste eine Hetäre sein, eine Frau, die ihre Unabhängigkeit bewahrt oder erkämpft hatte, eine Frau, die es zu erobern galt. Der eigenen Frau ein Gedicht zu schreiben, war unvorstellbar. Die Ehe war Geschäft und Bürgerpflicht, die Leidenschaft nur außerhalb der Ehe vorstellbar. Wenn auch die Hetären sicherlich keine Huren waren, sondern eher die Emanzen ihrer Zeit, stammt die Spaltung der männlichen Sehnsucht nach der Frau als Hure oder als Heilige wohl aus dieser Zeit. Dass aus dem Stück Vieh von damals einmal etwas wie Julia werden sollte, die Romeo seine "schöne Heilige" nannte, hätte sich ein klassischer Grieche gewiss nicht vorstellen können.

Die einzigartige, einmalige, ausschließliche und ewige große Liebe war ja auch gerade erst erfunden worden. Zwischen Sappho und Romeo liegen fast zweitausend Jahre, in denen die große Liebe immer größer werden sollte. Das musste so sein, weil die einfache, alltägliche, allgemeine, alles umfassende Liebe immer mehr verschwinden sollte. Je mehr Lebensangst und Verzweiflung wuchsen, desto dringlicher brauchte man den Ausweg einer Illusion, die half, den wahren Verlust zu vergessen und dem Leid einen anderen Namen zu geben.

Doch schon die leidenschaftliche Liebe Sapphos gleicht mehr einer dünnen Wasserleitung in der Wüste als dem großen Meer. Diese Liebe war nicht mehr die Kraft, die alles verbindet und bewegt, sondern der vermeintlich letzte Ausweg aus einer ansonsten feindlichen Umwelt. Deshalb musste dieser Wunschtraum unser Bild von der Liebe mehr prägen als alles andere. Genau in dem Maße, in dem die allgemeine Lieblosigkeit wuchs, musste die selten gewordene Liebe immer größer werden.

Die nächste Katastrophe für die universelle Liebe war, schon in unserer Zeitrechnung, das Auftauchen asketischer Bewegungen. Die Gnostiker hatten wir schon erwähnt, aber die Manichäer waren, dank Augustins besonderer Beziehung zu ihnen, noch wichtiger für unsere Kultur. Mani war ein persischer Entbehrungsprediger, dessen simples Weltbild sich noch heute in Wildwestfilmen, Kinderbüchern, Familienserien und nicht zuletzt im faschistischen Gedankengut widerspiegelt: hell ist gut - dunkel ist böse. Da das Licht auf Erden Schatten wirft, ist demnach nichts Irdisches, nichts Diesseitiges wirklich gut. Gott, der gerade noch in jedem Busch, in jedem Windstoß und in jeder Welle gelebt hatte, wurde plötzlich auf einen fernen Arbeitsplatz in den Tiefen des Kosmos versetzt und die Bekanntschaft mit ihm auf wesentlich später verschoben, nach dem Tod. Deshalb brauchte Gott ja auch einen Stellvertreter auf Erden, eine an sich etwas erbärmliche Vorstellung von einem Allmächtigen.

Ganz dunkel war es natürlich unter dem Rock eines Weibes und höllisch finster in ihrem schwarzen Loch. Es ist nicht auszuschließen, dass diese Vorstellung der Ausgangspunkt für Manis ganzes Gedankengebäude war. Zuerst war die Angst vor der Frau - die Philosophie wurde zur Rechtfertigung und Stabilisierung drumherum gebaut. Obwohl die christliche Kirche die Jünger des Mani, die Manichäer, und die anderen asketischen Bewegungen anfangs äußerst heftig bekämpfte, übernahm sie schnell deren wichtigste Ideen. Schließlich finden heftige Kämpfe meist gerade zwischen Gegnern statt, die viel gemeinsam haben. Auch Päpste haben Angst vor Frauen. Dabei hat Christus wirklich nicht ein einziges Wort gegen die körperliche Liebe gesagt. Ein Stellvertreter ist eben doch nicht dasselbe. Jedenfalls wird seitdem höchstens die große Liebe als Liebe ernst genommen, die kleine oder kurze gilt nicht als Liebe, sondern als verwerflich und anrüchig, als schlimmes Vergehen, ja als Todsünde.

Die Asketen gingen sogar so weit, die Fortpflanzung abzulehnen, um nicht zur Vermehrung des bösen Erdenlebens beizutragen. Das konnte sich die immer mächtigere Staatskirche Roms allerdings nicht leisten, im Gegenteil, sie führte die Ehepflicht ein, um möglichst viel Nachwuchs sicherzustellen. Auch die Ehe als unauflösliches heiliges Sakrament dient ursprünglich diesem Zweck, da sie den zum Zwecke der ehelichen Fortpflanzung ausgeübten Geschlechtsakt ausdrücklich gestattet, der es tatsächlich meist nicht mehr verdient hatte, Liebesakt genannt zu werden. Lust und Liebe waren geächtet, und selbst beim pflichtbewussten Vermehrungsakt durfte zumindest die achtbare Ehefrau keine Erregung zeigen und Begeisterung schon gar nicht. Gott muss demnach schon wieder besoffen gewesen sein, als er die Fortpflanzung an Lust und Liebe gekoppelt hat.

Ausdrücklich klargestellt hat das unser „Kirchenvater" Augustin vierhundert Jahre nach Christus, als er die Erbsünde zum Dogma machte, also den Menschen für grundsätzlich schlecht erklärte und ihm die Möglichkeit der Besserung erst im Jenseits einräumte. Im Grunde macht er damit den Schöpfer für eine Fehlkonstruktion verantwortlich. Seitdem ist Feindschaft zwischen Gott und Mensch. Augustin erwähnte ausdrücklich das sexuelle Begehren als die ererbte Sünde, und zwar, weil er an sich selbst begreifen musste, dass er den eigenen starken Trieb nicht unterdrücken konnte. (8) Dabei hätte er, wenn es ihm wirklich ernst gewesen wäre, bei jedem Ochsen sehen können, wie es unweigerlich klappt. Augustin war jahrelang Schüler des Mani gewesen, bevor er ihn als Oberhaupt der Kirche bekämpfen musste. Das Wichtigste scheint trotzdem hängengeblieben zu sein.

Auf jeden Fall ist der Mensch seitdem verdammenswert und strafwürdig, nur weil er Mensch ist. Abgesehen von der Dämonisierung der körperlichen Liebe, die so erreicht wurde, und der seelischen Kastration, die mit der Verdammung des ureigenen

An-Triebs verbunden ist, schenkte uns diese Neuentwicklung der Kirche noch eine sexuelle Verirrung, auch Perversion genannt, die sich still und leise zur Volkskrankheit entwickelt hat: den Masochismus. Masochisten sind Leute, die Lust am eigenen Schmerz haben. In jeder Askese, also freiwilliger Entbehrung, ist diese Tendenz vorhanden. Was liegt näher, als einen Schritt weiterzugehen, und die als gerecht empfundene Strafe schon mal sicherheitshalber selbst an sich zu vollstrecken. Sich selbst zu peitschen schien plötzlich der sicherste Weg zu Gott. Der heilige Simon wurde heilig gesprochen, weil er Jahrzehnte auf einem Pfahl sitzen blieb, zu stinken und zu eitern begann und sich von Maden anfressen ließ, um Gott, wie er meinte, zu gefallen. Schönen Geschmack muss Gott haben, wenn Simon – und die Kirche – nicht irren.

Tiefes Leid hat seitdem immer als überzeugendster Beweis der großen Liebe gegolten, bis zum heutigen Tage. Wie viele tragische Liebesbeziehungen der größeren Art kennen Sie, in der Weltliteratur wie im Bekanntenkreis? Und wie viele glückliche würden Sie als besonders tiefgehend einstufen? In der Literatur gewinnt das Leid um Längen. Es sieht sogar so aus, als ob das Leid nicht nur die Liebe zu einer besseren Liebe erhöhte, sondern auch die Literatur zur großen Literatur. In den Groschenromanen dürfen sie wenigstens am Schluss gemeinsam den Sonnenuntergang angucken, aber die großen klassischen Liebesgeschichten sind fast ausnahmslos Tragödien, die so schrecklich enden, dass ihnen heutzutage eine Serie in der Bild-Zeitung sicher wäre. Hero ertrinkt, als er – natürlich gegen den Strom – zu Leander schwimmen will, und sie springt von der Zinne, als seine Leiche am Strand angespült wird. Tristan muss ewig leiden, bis er endlich sterben darf, und sogleich stirbt Isolde neben dem Leichnam. Und das Paar aller Paare, Romeo und Julia, eilt dem schrecklichen Ende von Anfang an zielstrebig entgegen.

Das berühmteste Liebespaar der Welt, unromantisch betrachtet

Romeo lernen wir in Shakespeares Tragödie gleich zu Anfang kennen. Er ist unsterblich verliebt. Allerdings nicht in Julia, sondern in eine Rosaline, die wir jedoch nie kennenlernen werden. Das ist insofern nicht erstaunlich, als sie von Romeo nicht das Geringste wissen will. Erstaunlich ist, dass unser Held trotzdem fest entschlossen ist:

"Zeig mir ein Frauenzimmer, das unter Tausenden die Schönste ist; wozu kann mir ihre Schönheit dienen als zu einem Spiegel, worin ich diejenige erblicke, die noch schöner als die Schönste ist? Lebe wohl und gib es auf, mich sie vergessen zu lehren."

Schon hier müssten wir stutzig werden. Offensichtlich will Romeo Rosaline gegen ihren Willen lieben. Die Liebe kommt ihm nicht entgegen, er will sie zwingen. Und er kennt das Objekt seiner Liebe eigentlich gar nicht. Was er über sie sagt, hat kaum etwas mit ihr zu tun, viel dagegen mit seinen Wunschvorstellungen. Er wünscht sich eine, die schöner ist als die Schönste von Tausenden. Das aber gibt es gar nicht, und wenn es das gäbe, wäre es vermutlich gut anzusehen, aber noch lange kein Grund, darüber verrückt zu werden.

Doch Romeo ist sowieso nicht zu helfen. Rosaline vergisst er zwar schon in der nächsten Szene, womit er seine glühende Liebe zu ihr endgültig als Neurose entlarvt, aber er vergisst sie über Julia, und alles wird noch schlimmer. Er hat Julia nur einmal von Ferne gesehen, und schon ist es um ihn geschehen:

"Oh, sie glänzt mehr als alle diese Fackeln zusammen genommen, ihre Schönheit hängt an der Stirne der Nacht wie ein reiches Kleinod an eines Mohren Ohr. Und welch eine Schönheit! Sie ist zu reich zum Gebrauch und zu kostbar für diese Erde. (...) Nein, ich habe noch nie geliebt - Schwör es, mein Auge; vor dieser glücklichen Nacht wusstest du nicht, was Schönheit ist."

Wieder ist es nur äußerer Glanz, der seine Phantasie beflügelt. Richtig in Fahrt kommt er allerdings erst, als er erfährt, wer Julia ist: die Tochter des Erbfeindes der Familie. Wir werden nie erfahren, ob Rosaline wirklich so unglaublich schön war und Julia noch unglaublich schöner, aber wenn Rosaline schon unnahbar war, dann ist Julia unerreichbar. Das scheint Romeo zu gefallen. Von jetzt an bis zum bitteren Ende redet er nur noch dummes Zeug:

"Zwei von den schönsten Sternen des ganzen Himmels, die anderswo Geschäfte haben, bitten ihre Augen, dass sie, bis sie wiederkommen, in ihren Sphären schimmern möchten. - Wie wenn ihre Augen dort wären und jene in ihrem Kopfe? Der Glanz ihrer Wangen würde diese Sterne beschämen wie Tageslicht eine Lampe; ihre Augen, wenn sie am Himmel stünden, würden einen solchen Strom von Glanz durch die Luft herabschütten, dass die Vögel zu singen anfingen und dächten, es sei nicht Nacht. Sieh! Sie lehnt ihre Wange an ihre Hand! Oh dass ich ein Handschuh an dieser Hand wäre, damit ich diese Wange berühren möchte."

Julia scheint gut zu Romeo zu passen. Auf jeden Fall stellt sie sich ähnlich blöd an. Weder sein albernes Gefasel noch die Tatsache, dass er sie ständig "Schöne Heilige" nennt, halten das arme unerfahrene Mädel davon ab, nur noch an eins zu denken: die Ehe.

"Wenn die Absicht deiner Liebe rechtschaffen ist und auf eine geheiligte Verbindung abzielt, so lass mich (...) wissen, wann und wo du die Zeremonien verrichten lassen willst, und ich bin bereit, mein ganzes Glück zu deinen Füßen zu legen..."

Gesagt, getan. Der Pater, der die beiden am nächsten Tag heimlich traut, hält Romeo zwar auch für einen pubertierenden Spinner, beeilt sich dann aber doch mit dem Vollzug, damit die jungen Leute *"nicht allein zusammen bleiben, bevor die heilige Kirche aus beiden einen Leib gemacht hat"*.

Dabei bereitet Julias Vater schon die Hochzeit seiner Tochter vor, natürlich mit einem Bräutigam seiner Wahl, nicht mit Romeo, der zu allem Überfluss auch noch Julias Vetter im Rahmen einer Pöbelei zwischen den verfeindeten Familien ersticht.

Die arme Julia muss sich also eher die Zunge abbeißen, als dass sie Romeo erwähnen könnte oder gar die mit ihm geschlossene

Ehe. Stattdessen darf sie zusehen, wie ihr Vater frohgemut die nächste Trauung vorbereitet. Und die junge Ehe ist zwar geschlossen, aber noch nicht vollzogen.

Immerhin kommt es noch zu einem weiteren heimlichen Treffen der jungen Eheleute vor Romeos Verschwinden, der berühmten Balkonszene, einer wundervollen Gelegenheit für Jungschauspieler, das willige Publikum zu Tränen zu rühren.

"Lass mich ergriffen, lass mich zum Tode verurteilt werden; ich bin zufrieden, wenn du es haben willst. "

Das sagt natürlich Romeo, gleich zu Anfang, aber gegen Ende der Szene sind beide in Form:

Julia: *"Mich dünkt, ich seh´ dich, da ich so auf dich hinunterschaue, wie einen, der tot in seinem Grabe liegt. Entweder werden meine Augen düster, oder du siehst bleich..."*

Romeo: *"Glaube mir, Liebe, du kommst mir ebenso vor; der Kummer trinkt das Blut in unseren Wangen auf. Lebe wohl, lebe wohl!"*

Hier taucht der Tod, der die Liebe in all unseren klassischen Geschichten erst zur Liebe macht, zum ersten Mal auf, vorerst nur als jugendliche Schwärmerei, Zeitvertreib vieler Pubertierender heute noch genauso wie zu Shakespeares Zeiten. Doch auf der Bühne hat der Tod seinen großen Auftritt noch nicht, da kommt erst einmal der Scheintod. Um nicht zur Bigamistin zu werden und die zweite Hochzeit in wenigen Tagen zu verhindern, stellt sich Julia mit Hilfe einiger Pillen des patenten Paters tot. Der entsetzte Vater funktioniert die geplante Trauung in eine üppige Beerdigung um, und Romeo wird heimlich benachrichtigt, dass er seine Jule aus der Gruft holen und mit ihr verschwinden soll.

Doch der hält es sowieso nicht aus und kommt auf eigene Faust zurück, um seine Angetraute zu entführen. Als er diese - endlich muss man fast schon sagen - tot zu finden meint, nimmt er entschlossen das Gift, das er vorsichtshalber schon mal mitgebracht hatte. Nun erwacht Julia neben dem Toten, findet sofort einen Dolch und ersticht sich:

"Oh glücklicher Dolch! Hier ist deine Scheide, hier roste und lass mich sterben."

Liebe als Harakiri, als schreckliches Drama von Blut und Tod und Tränen. Das ist die größte Liebesgeschichte der westlichen Welt! Und das ist keine Ausnahme sondern die schon fast stereotype Regel im Mythos von der großen Liebe. Und wir wundern uns, dass wir leiden.

Liebe bedeutet hier den Tod, aber es ist nicht ein Tod, der die Liebenden überrumpelt, sondern es sieht fast so aus, als ob die Helden der Geschichte vor allem lieben, um dem Tod entgegenzueilen. In "Romeo und Julia" ist er von Anfang an präsent, zumindest in den Traumvorstellungen der Beiden. Gleich in der zweiten Szene wird klargestellt, wo es lang geht:

"Wie schade, dass die Liebe, die von ferne so reizend anzusehen ist, so grausam und tyrannisch sein soll, sobald sie uns erreicht."

Das sagt noch Benevolio, dessen Name eigentlich andeutet, dass er wenigstens guten Willens ist, was man von Romeo wirklich nicht sagen kann. Der offenbart ohne Zögern die Qualen und Abgründe in der gepeinigten und verwirrten Seele eines nicht ganz Zurechnungsfähigen.

"So leicht und doch zu Boden drückend! So ernsthaft und doch Tand! Du ungestaltes Chaos von reizenden Phantomen! Bleierne Feder, glänzender Rauch, kaltes Feuer, kranke Gesundheit, immer wachender Schlaf - oh du wunderbares Gemisch von Sein und Nichtsein! Das ist die Liebe, die ich fühle, ohne in dem, was ich fühle, die Liebe zu erkennen - lachst du nicht?"

Keine Frage - der junge Mann hatte schon Probleme, bevor er Julia kannte. Doch auch in deren Phantasie scheint nicht gerade die Sonne:

"Oh befiehl mir, (...) von den Zinnen jenes Turms herabzuspringen oder fessle mich an die felsige Spitze eines steilen Gebirges, wo heulende Bären und grimmige Löwen schwärmen - oder schließ mich eine ganze Nacht durch in ein Beinhaus ein, bis an den Hals mit morschen Toten-Knochen, dürren Schienbeinen und

kahlen gelben Schädeln bedeckt - oder befiehl mir, in ein neu gemachtes Grab zu gehen und mich bei einem Toten unter seinem Leichentuch zu verbergen - Dinge, wovor der bloße Gedanke mich zittern macht - befiehl mir's und ich will es ohne Zögern tun, um meinem Geliebten eine unbefleckte Treue zu erhalten."

Möchten Sie, dass Ihr Mann sowas von Ihnen verlangt? Wie kommt Julia auf die Idee, ihre Liebe auf diese Art beweisen zu können? Was hat das mit Treue zu tun? Ist Julia pervers?

Selbst da, wo es zärtlich gemeint ist, hat Julias Vorstellung von Liebe eher Ähnlichkeit mit Tierquälerei:

Julia: *"Ich wollte, du wärest weg, und doch nicht weiter als der Vogel eines spielenden Mädchens, den sie ein wenig von ihrer Hand weghüpfen lässt, aber aus zärtlicher Eifersucht über seine Freiheit, wenn er sich zu weit entfernen will, den armen kleinen Gefangenen gleich wieder an einem seidenen Faden zurückzieht."*

Romeo: *"Ich wollt', ich wär' dein Vogel."*

Quälerei als Liebesspiel. Vielleicht ist es ein Glück, dass Shakespeares Helden so jung sterben mussten. Sonst hätten wir im zweiten Teil der Tragödie wohl einen älteren und etwas fetteren Romeo vor uns, der in Damenwäsche herumläuft und sich von einer in schwarzes Gummi gepressten Julia auspeitschen lässt. Man soll in der Sado-Maso-Szene ständig stärkere Reize brauchen, und da bringt es ein seidener Faden bald nicht mehr.

Im Ernst: gehen Sie mal zu einem Psychiater und tragen sie ihm Romeos Text vor:

"Ein ungewöhnlicher Geist der Fröhlichkeit erfüllt meinen Busen und hebt mich zu angenehmen Gedanken über den Boden empor: ich träumte, meine Geliebte käme und fände mich tot."

Es ist gut möglich, dass in der Diagnose des Psychiaters der Begriff "masochistische Zwangsvorstellung" auftauchen wird. Ein Masochist ist jemand, der Freude am Leiden hat. Das hat er mit dem Sadisten gemein, aber während jener das fremde Leid genießt, erfreut den Masochisten der eigene Schmerz. Beides wird nicht als normales Sexualverhalten angesehen sondern als mehr oder weniger krasse Form von Perversion.

Die Vorstellung von der Liebe als freudig erlebtes Leid ist tatsächlich pervers und Shakespeares Trauerspiel eigentlich ein Sado-Maso-Soft-Porno, genau wie vieles von Ovid, von Platon, fast der ganze Minnesang, die bürgerlichen Liebesromane des letzten Jahrhunderts und das klassische Hollywood sowieso.

Und immer ist es das Gleiche: das eigentliche Trauerspiel findet nicht auf der Bühne oder auf der Leinwand statt, sondern im Zuschauerraum. Wenn die Geschichte von Romeo und Julia eine Tragödie ist, was ist dann die Tatsache, dass fünfhundert Jahre später jeden Abend Tausende von Zeitgenossen in diese Vorstellungen strömen, weil sie genau so empfinden, weil sie zutiefst mitfühlen, weil sie ihren Tränen freien Lauf lassen dürfen und ihrem Schmerz einen Rahmen geben können? Die Identifikation mit dem Schmerz funktioniert so gut, dass niemand hinhört, dass niemand begreift, welch krankhaftes Seelenleben die beiden berühmten „Liebenden" offenbaren, die tatsächlich nichts als Leidende sind. Das ist die wahre Tragödie, eine soziale Katastrophe, erschaffen aus Abertausenden persönlicher Tragödien! Der schöne Tod auf der Leinwand ist nur eine Erfindung des Drehbuchautors, aber dass die Leute scharenweise hinlaufen, um ihrem Schmerz etwas zu tun zu geben, ist traurige Realität.

All diese Menschen glauben, dass die Liebe nun mal so ist. Das ist keine Schande sondern durchaus normal. Es ist überhaupt nicht leicht, über den Rand der eigenen Kultur hinauszuschauen, weil man viele kulturell bedingte Verhaltensweisen für so natürlich hält wie das Tageslicht oder die Luft zum Atmen. Man hat ja nie etwas anderes erlebt. Deshalb bildet Reisen. Jeder Eskimo würde sich über Romeo genauso totlachen wie über den Liebeskummer einer durchschnittlichen jungen Europäerin. Kein Yamomani könnte je eine solche Tragödie erleben, weil es für ihn selbstverständlich ist, dass es mehr als eine Frau auf Erden gibt. "Und das ist gut so", würde er wahrscheinlich sagen. Auf einen derart dummen Gedanken wie "schöner als die Schönste unter Tausend" würde er nie kommen, er ist schon mit einfach schön zufrieden.

Auch ein deutscher Bauer im Mittelalter hätte wohl kaum an Selbstmord gedacht, weil irgendeine Rosaline nicht so wollte wie er. Bei den sogenannten einfachen Leuten hat die Idee der großen einzigen Liebe bis heute noch nicht viel Anklang gefunden, und der eine oder andere Hafenarbeiter würde sich bei Shakespeares Trauerspiel zu Tode langweilen. Kaum ein Afrikaner wird der Geschichte großen Reiz abgewinnen können.

Bei uns taucht diese Art von Liebe zuerst im Mittelalter auf und zwar zuerst nur bei den gelangweilten Burgfräulein. Je weiter wir uns zeitlich oder räumlich von unserer heutigen Zivilisation entfernen, desto fremder wird dieser Traum von der einzigen großen Passion, der bedingungslosen Leidenschaft. Allein das Wort spricht Bände, kommt es doch von Leiden und Schaffen - oder geschaffen sein. Nun sind wir schon wieder bei Sado-Maso gelandet, das ist bestimmt kein Zufall.

Im Prinzip zielt das deutsche Wort Schmerzgeilheit, unter dem man früher einmal den Sadismus und den Masochismus zusammenfasste, in die gleiche Richtung wie Leidenschaft, betont aber deutlicher das klare Bestreben des Betroffenen, Schmerz zu erfahren. Wenn es bei der Leidenschaft so aussieht, als sei das Leid der Preis, den man bezahlen muss, ist das Leid bei der Schmerzgeilheit der Preis, den man erringt. Wenn man jedoch Romeo und Julia aufmerksam liest, stellt man fest, dass der Unterschied gar nicht so groß ist. Die beiden Liebenden denken ständig an Schmerz und Tod und gehen dem zielstrebig entgegen. Auch hier ist wohl der Wunsch der Vater des Gedankens.

Obwohl das Wort Schmerzgeilheit sehr zutreffend beide Varianten der Verirrung beschreibt, ist es heute aus der Mode gekommen. Das hat vielleicht damit zu tun, dass die weitere Unterscheidung in aktive und passive Schmerzgeilheit für Sadismus und Masochismus sehr unzutreffend war. Auch der Masochist ist sehr aktiv bei der Suche nach seinem Leid. Den Masochisten als Opfer zu sehen, ist ein fataler Irrtum. Er ist vielleicht das Opfer seiner Verirrung - und das ist der Sadist auch -, aber bei der eigentlichen Handlung ist er Täter, selbst wenn jemand anders die Peitsche in der Hand hat.

Deshalb kann ein Sadist mit einem Masochisten gar nicht viel anfangen, denn er braucht ein Opfer, keinen begeisterten Mittäter. Die beiden Erscheinungsformen der Schmerzgeilheit sind kein Gegensatz, sie sind zwei Seiten einer Münze. Man sagt auch, der Masochismus sei die Inversion des Sadismus, so was wie ein Schuss, der nach hinten losgeht. Auf jeden Fall sind beide gleichzeitig über die Welt gekommen, und zwar mit dem systematisch zugefügten Schmerz, der zum Träger einer gewaltigen Kultur geworden ist - der unseren.

Nicht nur die großen Tragödien von Aischylos bis Shakespeare verdanken wir ihnen, auch zahllose Dramen in der Verwandtschaft und der Nachbarschaft gehen auf ihre Rechnung, genau wie Ihr persönliches Unglück und das Ihrer Kinder. Wie Romeo und Julia sind wahrscheinlich auch Sie der großen Katastrophe freudig erregt entgegen gelaufen.

4 Masochismus,eine seltene Verirrung?

Welche ich liebe, strafe und züchtige ich.
(Offenbarung, 3,19)

Natürlich kennen Sie keinen Masochisten persönlich! Aber kennen Sie jemand, der es mit einer Gummipuppe treibt? Niemand kennt wen, der es mit einer Gummipuppe treibt! Trotzdem ist das Angebot sehr reichhaltig, und das wäre nicht so, wenn keiner diese Dinger kaufen würde. Scheinbar werden sogar jede Menge davon verkauft, und das bedeutet wiederum, dass Sie wahrscheinlich doch jemand kennen, der es mit einer Gummipuppe treibt. Nur erzählt er Ihnen das nicht.

Genauso ist es mit den Masochisten. Das erzählt man auch nicht stolz am Vereinsabend oder beim weihnachtlichen Familientreffen herum. Außerdem kann man die Frage, ob jemand ein Gummipuppenliebhaber ist, relativ einfach mit Ja oder Nein beantworten, bei Masochisten dagegen ist das ganz und gar nicht so einfach. Es gibt unglaublich viele Formen der Lust am Leid, und es gibt sie in allen Schattierungen: ganz bisschen, bisschen mehr, bisschen viel. Selbst wenn in Ihrem Bekanntenkreis wirklich niemand am Freitagabend die Nilpferdpeitsche und die schwarze Gummiwäsche rausholt, so kennen Sie doch ganz gewiss auch den einen oder anderen Masochisten. Aber wie gesagt; erzählen wird er es Ihnen kaum.

Es ist noch viel schwieriger. Viele, wenn nicht die Meisten, könnten es beim besten Willen nicht erzählen - sie ahnen es nicht einmal. Die stehen einfach Schlange an der Kinokasse und dann haben sie eine gute Stunde was zum Weinen und hinterher fühlen sie sich besser. Wenn das alles wäre, wär´s noch nicht mal schlimm, aber leider ist das nicht alles. Auch nach dem Kinobesuch wird sich fleißig weiter gequält.

Wenn Ihr Mann Sie schlägt, um ein leider weit verbreitetes Beispiel zu nehmen, und Sie können sich das Leben ohne ihn trotzdem nicht vorstellen, dann ist es gut möglich, dass Sie sich das Leben ohne Schläge gar nicht vorstellen können. Genau damit fängt der Masochismus an: zu glauben, dass die Qual dazugehört, dass sie verdient ist, dass das Leben so ist und so zu sein hat. Genau wie die Ochsen von Karen Blixen auch dachten: „Alles nur, weil wir geboren sind..."

In diesem Falle ist es sogar relativ einfach, die Ursache für diese Haltung zu erkennen. Sie sind als kleines Kind häufig geschlagen worden und hatten sonst nicht genug Zuwendung. Und wenn Schläge die einzige Form von Kontakt für ein kleines Kind sind, dann hält später seine verstörte Seele, die immer eine Kinderseele bleibt, Schläge für das höchste Glück auf Erden. Denn jede Art von Kontakt ist für ein Kind schöner als gar kein Kontakt. Allein gelassen werden bedeutet für ein Kleinkind den sicheren Tod.

Später haben sich solche Menschen so daran gewöhnt, dass sie stundenlang allein in ihrem Zimmerchen verbringen, mit Kreuzworträtseln, Bastelarbeiten, Playstation oder Video. Andere mussten begreifen, dass den Eltern alles Mögliche wichtiger war, und suchen sich als fast Erwachsene eine Frau, der sie sich abgrundtief unterlegen fühlen. Und fast alle haben wir uns angewöhnt, früh aufzustehen und irgendwohin zu gehen, wo wir am liebsten nicht hingehen würden, und dort Dinge zu tun, die wir am liebsten nicht tun würden.

Die extremen Masochisten, die sich peitschen, pieksen, hauen, treten, ansengen, beschimpfen und bespucken lassen, diese krassen Fälle sind nur die Spitze des Eisbergs. Wie jeder weiß, bleibt darunter die eigentliche Masse verborgen. Wenn Sie sich selbst nichts gönnen, gehören Sie dazu.

Es gibt ein Millionenheer von Menschen, die sich selber quälen, ohne sich dessen bewusst zu sein. Wenn Sie sich nichts zutrauen, wenn Sie nicht auffallen mögen, wenn Sie Vergnügungen für verwerflich halten, wenn Sie vor einer Beförderung Angst haben, wenn Sie sich nicht gern hübsch anziehen, wenn Sie sich selbst für hässlich oder schlecht riechend halten, gehören Sie wohl dazu.

Wenn sie gläubiger Katholik oder praktizierender Protestant sind, gehören Sie dazu. Falls Sie das bezweifeln, schauen Sie sich einmal in Ruhe ein Kruzifix oder ein paar andere Heiligenbilder an. Meditieren Sie über den „Aua-Mann", wie meine kleine Freundin Lara den Gekreuzigten so treffend genannt hat. Oder denken Sie darüber nach, wieso der heilige Simon heilig gesprochen wurde, weil er Gott zu dienen meinte, indem er fünfundzwanzig Jahre auf einem Pfahl sitzen blieb, bis er von Maden angefressen wurde und zu stinken begann.

Wenn Sie Junkie sind oder sich aus anderen Gründen unentwegt spritzen, wenn Sie sich oft und gerne tätowieren lassen, wenn Sie stundenlang Paciencen legen, wenn Sie zweimal in den Titanic-Film gegangen sind, vor allem aber, wenn Sie glauben, dass bei Ihnen sowieso alles schief geht, weil Sie es nicht besser verdient haben, dann sollten Sie darüber nachdenken, ob nicht vielleicht auch Sie zu diesem Millionenheer gehören.

In diesem Fall wären Ihre Möglichkeiten gering, in diesem Leben glücklich zu werden - weil sie selbst das Glück um jeden Preis vermeiden. Sie sind nicht stolz auf sich selbst und ziehen die in Ihren Augen gerechte Strafe dem unverdienten Glück vor. Dass Sie nicht allein sind mit diesem Verhalten, ist vielleicht ein kleiner Trost. Falls Ihnen das nicht reicht, versuchen Sie, sich als Kulturträger zu fühlen, Sie sind es.

Im Sinne der Natur ist Ihr Verhalten jedenfalls nicht. Das Leben versucht überall, zum höchsten Wohlbehagen zu gelangen; beim geringsten Unwohlsein wird sofort reagiert und etwas gegen die Situation unternommen. Wohlsein und Unwohlsein sind der erste und fundamentale Wegweiser, den uns das Leben selbst mit auf den Weg gegeben hat, damit wir uns in seinem Sinne verhalten. Wie jedes andere Lebewesen wird auch der Mensch mit einem eingebautem Kompass geboren, der ihm jederzeit sagt, wohin er sich zu wenden hat. Dieser Kompass ist ein essenzieller Teil des Menschen - zumindest solange er funktioniert. Nur wo ihm gefolgt wird, kann das Leben des Menschen Sinn haben, für den Menschen selbst genau wie für die gesamte Schöpfung. Denn nur ein erfüllter Mensch kann die Schöpfung erfüllen. Ohne den Kompass ist auch das klügste Hirn orientierungslos. Alle Neurosen - also auch den Masochismus - könnte man als verstellten Kompass bezeichnen.

Selbstverständlich ist ein großes, schnelles Schiff mit starken Motoren und einem verstellten Kompass eine wesentlich größere Gefahr für sich selbst und alle anderen als ein kleines Ruderboot. Es wird wahrscheinlich mit großem Getöse gegen einen Felsen donnern, während das kleine Boot einfach hilflos dahintreibt und nicht viel Aufsehen erregt. Aber auf dem falschen Kurs ist es auch.

Deshalb fängt der Masochismus nicht erst dort an, wo sich jemand peitscht oder piekst, sondern wo jemand klaglos hinnimmt, nichts Besseres erwartet, nicht gegen die Umstände rebelliert, die sein Wohlgefühl beeinträchtigen. Wenn Sie nicht glücklich sind, sich aber damit abgefunden haben, misshandeln Sie sich selbst. Da fängt der Masochismus an.

Sicherlich erinnern Sie sich noch, dass Sie als Kind sofort gebrüllt haben, wenn Ihnen etwas weh tat, wenn Ihnen kalt war, wenn Sie allein gelassen wurden, wenn Ihnen irgendwas nicht passte. Warum brüllen Sie nicht mehr? Sind Sie tatsächlich rundum glücklich?

Die meisten brüllen einfach deshalb nicht mehr, weil sie gar nicht merken, dass ihnen was fehlt. Der Kompass ist verstellt, abgeschaltet, zugedeckt - die innere Stimme schweigt. Ein solcher Mensch ist orientierungslos, und da er keine eigene Richtung mehr hat, fehlt ihm etwas sehr Entscheidendes zum Menschsein. Immer wird er darauf angewiesen sein, dass ihm jemand sagt, wo es lang geht. Er ist der ideale Untertan. Diesmal gilt auch der Umkehrschluss: der Untertan ist ein typischer Masochist.

Es sieht tatsächlich so aus, als ob die systematische Zufügung von Schmerz als Mittel der Erziehung genau deswegen erfunden wurde: zur Erziehung von Untertanen. Mit der Zähmung von wilden Tieren durch die so entstehenden nomadisierenden Hirtenvölker kamen vor gut sechstausend Jahren die Gedanken der Unterwerfung, der Macht und des Privateigentums in die Welt und dadurch, wie wir gesehen haben, auch die verrückte Idee der einmaligen großen Liebe.

Das alles und vor allem das Vaterrecht verdanken wir ein paar Leuten, die gelernt hatten, wie einfach es ist, ein Tier durch die Angst vor dem Schmerz zu brechen und so statt schwer zu jagender Gazellen einen wachsenden Vorrat blöder Schafe zu halten. Als sie auf den Geschmack gekommen waren, brauchten sie Soldaten - Menschen, die abgerichtet sind, das tun, was man ihnen sagt, genau wie Schafe, Hunde, Zirkusbären, Ochsen.

In der unzivilisierten harten Anfangsphase der Entwicklung wurden die kleinen Kandidaten im wahrsten Sinne des Wortes verbogen. Da hat man die Säuglinge systematisch eingeschnürt und ihnen den Kopf mit Pressen in eine unnatürlich spitze Form gebracht. Sowohl das Einschnüren als auch das Verformen hat man inzwischen wesentlich verfeinert.

Wenn Sie also den Schmerz heute für normal erachten und klaglos hinnehmen, dann tun Sie das vor allem deshalb, weil man Sie als Kind daran gewöhnt hat - indem man Ihnen Schmerzen bereitet hat. Jede Art von sogenannter strenger Erziehung läuft letztlich auf Eins hinaus: das wilde Tier durch Schmerzen zu brechen und in ständiger Angst zu halten, den freien Menschen zu verbiegen, zu beschneiden, einzuschüchtern. Heutzutage wird seelisch kastriert, ist doch die Kastration ein sehr erfolgreiches Mittel, um aus dem wildesten Stier einen fügsamen Ochsen zu machen. Ich fürchte, dass unter den Leuten, die sich den Titanic-Film zweimal angeschaut haben, nicht ein wilder Stier zu finden war.

Verlassen wir die Tierwelt wieder und nehmen statt Ochsen Untertanen. Wir sind bei denen, die "nur ihre Pflicht tun", um ein aktuelles, leider weit verbreitetes Beispiel zu nennen. Nur die Pflicht tun - wo bleibt da die Kür, wo bleibt der eigentliche Mensch? Wo bleibt der eigentliche Mensch, oft und gerne "Krone der Schöpfung" genannt, wenn ein ganzes Volk abends klaglos vor der Glotze sitzt, bis es müde genug ist, um ins Bett zu gehen. Und wo bleibt er am nächsten Morgen, wenn der Wecker klingelt?

Der eigentliche Mensch sitzt meistens gut verschnürt, heftig eingepresst und völlig verbogen tief unten im Innersten, wo es am dunkelsten ist. Und wenn er sich rührt, muss so heftig gepresst werden, dass es weh tut. Deswegen hofft man, dass er sich gar nicht rührt. Doch so sehr man sich auch bemüht, ganz zum Schweigen bringt man den eigentlichen Menschen nie. Nur hindert man ihn daran, sich aufrecht, stolz und voller Liebe zu Wort zu melden. Deshalb kommt er jetzt heimlich, gemein und voller Hass daher.

Damit ist das Ziel der Erziehung erreicht. Aus dem edlen Tier Mensch ist eine feige Bestie geworden, die vor dem Dompteur kuscht und sich voller Lust auf andere Opfer hetzen lässt.

Der bei der Bändigung erlittene Schmerz wird kulturell gerechtfertigt und durch das ganze Leben mitgeschleppt, jeden Tag, jede Nacht, jede Minute. Er bestimmt unseren Alltag, unsere Träume, unsere Hoffnungen und unser Liebesleben mehr als uns lieb sein kann.

Eine Verirrung ist der Masochismus ganz gewiss - doch selten ist er leider nicht.

5 Die feige Bestie Mensch oder die innere Kernspaltung

Wie haben wir den Mut, in einer Welt zu leben,
in der die Liebe in ihr Gegenteil verkehrt ist?
(Marcel Proust)

An dieser Stelle tritt Arno Gruen auf den Plan, der Lehrer, dem ich am meisten verdanke. An dieser Stelle, weil ich den Satz, der das letzte Kapitel mehr oder weniger beschloss und dieses betitelt, vor der Bekanntschaft mit des Professors Werk geschrieben hatte: „Aus dem edlen Tier Mensch ist (durch die Erziehung) eine feige Bestie geworden, die vor dem Dompteur kuscht und sich voller Lust auf andere Opfer hetzen lässt."

Wenn man schreibt und es läuft gut, kommen die Sätze zu einem und man ist sich nicht immer wirklich bewusst, was man da schreibt. Manchmal staunt man selbst, wenn man es hinterher liest, wie genau man ins Schwarze getroffen hat. Trotzdem habe ich diesen Satz, und nicht nur diesen, erst in seiner ganzen Tragweite verstanden, nachdem ich die sechs bei dtv erschienenen Büchermeines verehrten Fern-Lehrers gelesen hatte. Ich möchte ihn ausführlich zu Wort kommen lassen, weil er das, was ich unter Masochismus zu erahnen angefangen hatte, um Dimensionen erweitert hat. Nach jedem Zitat erfahren Sie den Anfangsbuchstaben des letzten Substantivs im Titel des Buchs, aus dem ich zitiere, und die Seitenzahl. Die entsprechenden Titel finden Sie hinten im Literaturverzeichnismit dem fett markierten Kennbuchstaben und natürlich in jedem guten Bücherladen, und im Internet ebenso. Alles, was in diesem Kapitel *kursiv* gedruckt ist, stammt aus der Feder Arno Gruens, abgesehen vom Eingangszitat.

Trotz allem enthält mein kleiner Satz tatsächlich schon fast das ganze Drama, spätestens, wenn man ihn vollendet: „ohne dass er sich dessen bewusst ist." Deshalbwerden wir nun diesen kurzen Satz unter dem Mikroskop betrachten, wodurch er zu einem ganzen Kapitel wird. Beginnen werden wir mit dem verloren gegangenen Bewusstsein der feigen Bestie Mensch. Beginnen werden wir mit einem Fallbeispiel aus meinem nicht enden wollenden Psychologiestudium, mit <u>Albert</u>:

Albert war gut dreißig Jahre alt, als ihm zufällig klar wurde, dass er große Teile seiner Kindheitserinnerungen verloren hatte, unbegreiflich große. Er war erschrocken. Er konnte sich beim besten Willen nicht erinnern, wie er mit Vater, Mutter und Schwester beim Abendessen gesessen hatte. Er hatte keinerlei Bilder vor Augen. Auch nicht von den Möbeln oder der Wohnzimmertapete. Nach und nach begriff er, dass seine Erinnerung zu einem löcherigen Teppich verkommen war, der kaum den nackten Betonboden verdeckte.

Ihm wurde mulmig. Von Verdrängung hatte er schon mal gehört, und er war sicher, dass das was Schlimmes war, weil es einen an der Wahrnehmung des Lebens hindern musste. So etwas wie seelische Kinderlähmung. Es entsteht, wenn ein Schmerz so unerträglich für ein Kind wird –und Kinder sind wir alle – dass es daran sterben würde. Dann dreht das Kind sich entschlossen um und schaut dort nie wieder hin, um sich nie wieder zu erinnern. Nie, nie wieder! In diesem Moment entsteht das schwarze Loch, von dem so viel geredet wird. Ein Junkie kann dort hineinwerfen, was er will, vor allem starke Schmerzmittel – als das wurde Heroin einmal auf den Markt gebracht und noch heute ist es nichts anderes - aber er kann auch Schokolade, Korn, Bier, Schnaps und Wein, Würstchen, Eiskrem, Kino, Kokain oder heiße Autos konsumieren – alles verschwindet in dem schwarzen Loch, und der arme Junkie ist sofort wieder genau so leer wie vorher. Irgendetwas von alldem konsumieren wir fast alle, und nach einer Weile sind wir trotzdem nicht mehr zufrieden und brauchen was Neues, nicht unbedingt immer ein starkes Schmerzmittel.

Noch schlimmer als der tief verankerte Schmerz selbst ist jedoch, dass der Betroffene durch das entschlossene Wegschauen schon als Kind auf einem Teil seiner Seele blind geworden ist. Nie mehr hinsehen! Dieser Teil der Kinderseele wird nie mehr älter werden als knapp ein, zwei, fünf oder sieben Jahre, je nachdem. Doch Albert hatte noch mit Fünfzehn an jenem Tisch gesessen, den er sich nun nicht mehr vorstellen konnte. Ihm wurde noch mulmiger.

Sein Fall war offensichtlich schwer. Aber er wusste überhaupt nicht, wo er anfangen sollte. Ihm war klar, dass er entweder hinschauen musste oder weiter ohne Erinnerung rumlaufen. Sollte er zu einem Psychiater gehen? Wer sollte das bezahlen? Albert ging nicht mal gern zu Ärzten, und dann so etwas. Auf keinen Fall! Aber sollte er weiter auf diesen blöden Betonboden starren, das Nichts, das schwarze Loch?

Albert machte erstmal nichts. Eigentlich ging es ihm ja auch blendend. Er verdiente gut, seine Aufstiegschancen waren sogar sehr gut, er hatte alles was er wollte. Bis auf den freien Blick in die Vergangenheit, und der Gedanke daran verließ ihn nicht einen Moment. Bei allem, was er tat, wusste er ständig, dass er etwas Entscheidendes vergessen hatte. Immer blinkte das rote Licht im Hinterkopf. Oft starrte er auf den durchlöcherten Teppich und versuchte, sich zu erinnern, ohne jedes Ergebnis.

Ein paar Jahre später traf er Ursula, eine Frau, die noch vor wenigen Generationen gar nicht mehr gelebt hätte, weil sie schon längst verbrannt, ersäuft oder geviertelt worden wäre. Falls Ihnen mal eine Hexe begegnet, seien Sie nett zu ihr. Man weiß nie, wofür es gut sein kann. Für Albert jedenfalls war es ein Glück, dass die Zeiten der Inquisition vergangen waren. Ursula lebte noch, gern sogar, und sie praktizierte „Posturale Integration", auf gut deutsch „Wiederherstellung der Haltung". Das ist eine Massage, die auf den Erkenntnissen und Lehren Wilhelm Reichs aufbaut. Reich hatte gesagt, dass „das Angst erzeugende

Erlebnis, das zu einer chronischen Muskelverspannung geführt hatte, zwangsläufig hervortreten muss, wenn es gelingt, diese Verspannung zu lösen, selbst durch einen körperlichen Eingriff von außen." Reich war landläufig als Spinner verschrien, so dass man ihn besser gar nicht erst erwähnte, weil es sowieso keinen Sinn machte, gegen eine aufgebrachte Meute anzudiskutieren. Doch Albert fand Wilhelm Reich bemerkenswert gut, zumindest das, was er nun zu lesen begann. Also ging er mit Ursula mit. Insgesamt zehn Sitzungen, und über den Preis konnte man reden. Außerdem hatte sie keine Couch, sondern einen Massagetisch.

Auf diesem prüfte sie alle Muskeln des Körpers genau, systematisch von unten nach oben. Sie schob die Finger regelrecht zwischen die benachbarten Muskeln und lockerte so die Bindehäute, welche die Muskeln überhaupt erst beweglich machen. Das tat schon mal ein bisschen weh, aber hinterher fühlte man sich deutlich besser; so gesehen war es auf jeden Fall preiswert und außerdem beeindruckte ihn Ursula immer mehr, obwohl sie weder ein süßer Engel noch blond war. Wenn er allerdings mal warten musste, weil gerade ein ordentlich bezahlender Kunde dran war, gellten oft so entsetzliche Schreie durch das kleine Haus, das zum Glück einsam lag, dass Albert zu überlegen begann, ob er nicht doch besser gehen sollte. Aber während er noch überlegte, kam der Schreihals völlig entspannt mit einem leicht verklärten Gesichtsausdruck aus der sogenannten „Folterkammer", so dass Albert dann doch wieder reinging. Besonders empfindlich war Albert ohnehin nicht, eigentlich war er sogar erstaunlich unempfindlich gegen Schmerz. Manchmal bemerkte eine blutende Wunde, konnte sich aber nicht erinnern, sich weh getan zu haben. Später erfuhr er, dass Schmerzunempfindlichkeit meist ein Hinweis auf ein erlittenes Trauma ist.

In der fünften oder sechsten Sitzung kam dann, was kommen musste. Der Hintern war dran, der Hintern, der es wirklich verdient hätte, wieder Arsch genannt zu werden, weil er den kraftvollsten Muskel des Körpers sein eigen nennt, den Gluteus Maximus. Der ist für den aufrechten Gang und die aufrechte Haltung verantwortlich. Arsch ist ein viel kraftvolleres Wort als Hintern. Aber die meisten Männer hätten den Muskel wohl sowieso lieber vorne. Auf jeden Fall schrie Albert genauso entsetzlich wie die anderen vor ihm.

Es war jedoch keineswegs der erwachsene Albert, der da wie am Spieß schrie, es war der Fünf- oder Sechsjährige, der im häuslichen Badezimmer gerade verprügelt worden war, und er schrie nicht so sehr, weil ihm der Hintern wehtat, sondern weil jemand, der ihn eigentlich lieben und schützen sollte, die ganze Wut eines schief gegangenen Lebens in seinen Kinderpo hineinprügelte, um sie endlich einmal los zu werden. Jetzt, als er gut dreißig Jahre später plötzlich und unerwartet noch einmal in diesem Badezimmer stand und schrie, sah Albert all das wieder ganz deutlich vor sich, was er schon so lange überhaupt nicht mehr gesehen hatte - die Badewanne mit der wackligen Fliesenpappe davor, sogar die getrockneten Tropfen auf der Pappe, den kupfernen Badeofen mit dem Spiralgriff an der Kohlenklappe, und vor allem den Garderobenhaken neben der Tür, an dem schon wieder der Lederriemen hing, mit dem er noch oft verdroschen werden sollte. Und sogar voller Lust, frustrierter sexueller Lust, um genau zu sein, aber das sollte er erst Jahre später begreifen, bei einer anderen Gelegenheit und einer anderen Hexe.

Albert fühlte sich wie erlöst. Der durchlöcherte Teppich hatte sich wie durch ein Wunder weitgehend geschlossen. Und der Arsch tat überhaupt nicht mehr weh, im Gegenteil – er schien deutlich lockerer zu sein. Albert machte erstmal einen innerlichen Streifzug durch die Wohnung, betrachtete ausgiebig die Tapete im Wohnzimmer, das Sofa und die gerahmte Waldlandschaft, die drüber hing; und in die kleine Küche brauchte er gar nicht mehr zu gehen, um sich zu erinnern, dass der Tisch zum Essen erst von der Wand abgerückt werden musste, damit sie alle vier Platz fanden. Albert war es etwas weniger mulmig. Jetzt hatte er vielleicht eine Chance, einmal wirklich erwachsen zu werden.

Albert hat Glück gehabt, und ganz gewiss nicht unverdient. Nicht jeder will es merken, wenn bei ihm etwas nicht stimmt. Dabei ist das nicht einmal Dummheit öder böser Wille, es ist einfach immer noch die entsetzliche Angst des kleinen Kindes, das die Augen ganz fest verschließt – und nicht nur die Augen. Arno Gruen drückt es so aus:

Wenn ein Kind von demjenigen, der es schützen sollte, körperlich und seelisch überwältigt wird, und wenn es zu niemandem fliehen kann, wird es von einer überwältigenden Angst heimgesucht, einer Todesangst, denn die Macht der Eltern kann das seelische Sein des Kindes in seiner autonomen Wahrnehmungs- und Reaktionsfähigkeit auslöschen. Für den kleinen werdenden Erwachsenen bleibt dann nur noch die Möglichkeit eines Manövers, um die Angst, mit der keiner leben kann, in den Griff zu bekommen. Diese Angst ist so enorm, so paralysierend, dass sie beiseite geschoben, abgespalten werden muss – nicht nur verdrängt. Abspaltung bedeutet eine Absonderung von Teilen der Psyche, die einem Menschen zur Gefahr wurden, so dass sie dann nur in Isolation weiterbestehen können. (G167)

Es gibt also noch was Schlimmeres als Verdrängung, aber was ist der Unterschied? Ich hatte mir Verdrängung immer so vorgestellt, als ob man etwas gut einpackt und im Keller in die hinterste Ecke stellt, wo es vergammelt und sich langsam auflöst, bis man es vergessen hat. Mit abgesonderten Teilen der Psyche jedoch ist man kein vollständiger Mensch mehr; und dann vermodert das Abgesonderte nicht einmal, sondern besteht weiter, irgendwo in uns, ohne dass wir es ahnen. Zu allem Überfluss ist es das Beste von uns: unsere Liebe, unser Vertrauen, unsere Urteilsfähigkeit, unser Mitgefühl, unsere Hingabe, unsere Instinktsicherheit und unser Einverständnis.

Das Neugeborene ist allein völlig hilflos, und das weiß es sehr genau. Deshalb hat es berechtigte Angst, wenn es allein gelassen wird, und gerät in Panik, wenn auf sein Schreien niemand reagiert. Mehr noch, es fühlt sich schon nicht mehr wohl, wenn es begreifen muss, dass sein Beschützer auf seine Äußerungen, Reaktionen und Erwartungen nicht angemessen reagiert, weil er sie offenbar nicht wahrnimmt oder nicht versteht. Am Anfang ist das normalerweise die Mutter, mit der es sich ja neun lange Monate blind verstanden hat, weil beide noch Eins waren.

Das Kleinkind braucht lange, um sich als Einzelwesen zu begreifen. Es empfindet sich als mit allem verbunden, was ja, wie wir mittlerweile zu erkennen beginnen, eine wesentlich realistischere Betrachtungsweise der Welt ist, als unser sogenannter Individualismus, der in Wirklichkeit nur eine Beschönigung unserer oft entsetzlichen Isolation ist. Laut Wilhelm Reich wird die Zerstörung dieser Verbundenheit vom Kleinkind als tiefer Schmerz empfunden, und vermutlich meint er den gleichen Schmerz, den Arno Gruen als entscheidenden Schlüssel in unserer Menschwerdung verstanden hat, als zentrale Ursache der unserer Kultur innewohnenden Gewalttätigkeit. *Im Alter von nur dreißig Tagen drücken Säuglinge schon Schmerz und Leid aus, wenn sie mit der Zerstückelung der Einheit und Ganzheit der Perzeption der Mutter konfrontiert sind. (G150)*

Wir teilen mit unserer Mutter von Geburt an – und vielleicht schon früher – über kinästhetische Muskelnervenbahnen Leid und Freude. Wenn wir in ihren Armen liegen, nehmen wir diese Emotionen ganz direkt wahr.(M67)

Wenn nun die empathischen Wahrnehmungen eines Kleinkindes nicht den programmierten Wahrnehmungen der Eltern entsprechen, wird die Diskrepanz zwischen den zwei Welten, der des Kindes und der der Eltern, zum „Fehler" des Kindes. Indem das Kind die Diskrepanz zum eigenen Fehler macht, erhält es sich paradoxerweise am Leben. Denn von den Eltern abgelehnt zu sein, sich als nicht geliebt zu erleben, das bedeutet, der Hoffnungslosigkeit ausgeliefert zu sein. (G25)

Hier beschreibt Gruen nicht nur den Ursprung dessen, was ich im Kapitel über den Masochismus zu vermitteln versucht habe, viel klarer, als ich das gesehen hatte, nein, er geht auch weit darüber hinaus. Er spricht vom Selbsthass. Hass auf das Eigene definiert das Problem viel eindringlicher, viel genauer als Lust am Schmerz. Nun ist es gar keine Lust mehr, sondern unmöglich gemachte Liebe, Hass, manchmal lodernder. Das Eigene bedeutet dabei die Empfindsamkeit, die Lebendigkeit, also das Leben selbst, die Menschlichkeit und die gesamte Natur.

Das erklärt tatsächlich vieles: das vergossene Herzblut in den ewigen Schlachten und Kriegen, die brutale Umweltzerstörung, die zunehmende Gefühllosigkeit, die sich wiederholenden Rebellionen der Jugend und die zahllosen Kriege in unserem aktuellen, nun schon 70 Jahre anhaltenden „Frieden". Es gibt keinen Frieden mehr auf dieser Welt, weil es zu viele hasserfüllte Arschlöcher gibt (Sie erinnern sich an meine Vorliebe für starke, klare Worte), und es gibt so viele davon, weil sie selbst zu allererst sich dafür halten, seitdem sie als Kleinkind die Schuld bei sich selbst suchen mussten.

Diese erzwungene „Entscheidung" hat eine ganze Reihe von fatalen Folgen: Es ist klar, dass die Ablehnung des eigenen Impulses ein sicheres eigenes Urteil verhindert, so dass man fortan davon abhängig ist, was andere sagen. „Führer befiehl, wir folgen." Je strenger die Erziehung war, desto totalitärer soll hinterher die Herrschaft sein, desto bedingungsloser der Gehorsam.

Einleuchtend ist auch, dass am Ende der beständigen Anstrengung, die Absichten des bedrohlichen Unterdrückers vorauszuahnen, eine allmähliche Identifikation mit diesem stattfindet, dazu eine unbewusste Imitation, genau wie eine Tendenz zur Verherrlichung. Nicht umsonst steht in der Mitte des letzten Begriffs groß das Wort Herr.

Und schließlich funktioniert das alles nur, solange man sich des erlittenen Schmerzes, der tödlichen Angst, des erzwungenen Gehorsams und der Schmach des Verrats an sich selbst nicht bewusst wird. Nie mehr hinsehen. Falls so jemand jedoch gezwungen wird, hinzuschauen, kann alles Vorstellbare und Unvorstellbare geschehen, meist entweder explosiv oder implosiv, immer mit großen Chancen, eine Zeitlang die Nachrichten zu beherrschen.

Wer sein Eigenes zugunsten einer Identifikation mit lieblosen Eltern (und damit sind auch verwöhnende Eltern gemeint...), verwerfen musste, wird oft zeitlebens von einem unbewussten inneren Terror angetrieben, den Unterdrücker zu idealisieren und die Liebe für das Eigene in Hass zu verwandeln. (F30f)

Wenn aber Schmerz vom Bewusstsein ausgeschlossen ist, dann wird dieser Schmerz zum Fundament einer Rache am Schmerz selbst, die ihren Ausdruck in der Zerstörung von Mensch und Natur findet. Darin liegt der Urgrund unserer Krankheit, und nicht in den wirtschaftlichen, politischen und religiösen Ideologien, die wir zum Vorwand unserer Zerstörung nehmen. (M166)

Die ganze Ungeheuerlichkeit dessen zu begreifen, was diese paar Sätze beinhalten, die bei Gruen natürlich nicht einfach so im Raum stehen, sondern mit einer Vielzahl von Beobachtungen vertieft und belegt werden, hat mich einige Zeit und fast so etwas wie Selbstüberwindung gekostet. Aber je länger ich mich damit beschäftigte, desto klarer wurde mir, dass das unbegreifliche Geschehen um mich herum plötzlich gar nicht mehr so unbegreiflich war.

Ich hätte es wissen müssen. Ich hatte diesen Hass einmal sehr klar gesehen. Das war erschreckend, so erschreckend, dass ich wohl nicht genauer hinschauen mochte. Nennen wir den Hauptdarsteller der folgenden nichtakademischen Beobachtung

Wolfram

Es geschah in einer New Age Kommune. Am späten Nachmittag tauchte dort noch ein Gast auf, der höflich darum bat, die Kommune kennenlernen zu dürfen, wozu er gerne eingeladen wurde. Wolfram wirkte ganz außerordentlich höflich, zurückhaltend, bescheiden und sanftmütig. Er sprach nicht, er hauchte. In so einer Kommune wird natürlich auch über die Liebe geredet. Die Liebe war für Wolfram etwas extrem Kostbares, zart, zerbrechlich und vor allem heilig. Man sah ihn förmlich eine Glaskugel vor sich hertragen, dünn wie eine Seifenblase, die bei einer abrupten Bewegung, einem lauten Wort, zerspringen und ihn mit leeren Händen zurücklassen würde.

Natürlich hatten die Mädels in der Kommune eine deutlich handfestere Vorstellung von Liebe, und sie versuchten mit allen Mitteln, Wolfram aus der Reserve zu locken. Nach einer geraumen Weile setzte sich Claudia zu Armin und mir in die Sofaecke und murmelte halblaut: „Also, der Kerl ist überhaupt nicht zu knacken. Wir haben es jetzt eine nach der anderen probiert, und der reagiert auf nichts und niemand. Ich glaube, der ist schwul. Vielleicht klappt es ja bei euch besser, guckt doch mal." Armin, der sehr charmant sein konnte, ließ sich das nicht zweimal sagen, aber auch er erreichte sein Gegenüber nicht, und die anderen Jungs genauso wenig.

Irgendwann, schon sehr spät am Abend, hörte ich, wie jemand sagte: „Aber Wolfram, da ist ja Nichts, du kannst doch nicht völlig leer sein!" Das war der Moment, in dem sein Schutzwall zusammenstürzte und es aus ihm herausbrach: „Wenn ich euch sage, was ich wirklich fühle, spricht sowieso keiner mehr mit mir!" Und dann erzählte er, dass, wenn er so unendlich liebevoll lächelnd sanft mit dir sprach, vor seinen Augen Filme abliefen, in denen er dir in den Kopf schoss und dein Gehirn durch die Gegend fliegen sah, oder in einer blitzschnellen Bewegung ein Messer über deine Brust zog, das eine klaffende blutige Wunde hinterließ. Danach sagte niemand mehr etwas. Alle gingen zu Bett, und zum Frühstück am nächsten Morgen war Wolfram bereits verschwunden. So hat tatsächlich keiner von uns nochmal mit ihm gesprochen, und wiedergesehen wohl auch nicht. Aber vergessen hat diesen Abend auch niemand, der dabei war. Und ich habe seitdem Probleme mit Leuten, die hauchen, statt zu sprechen.

Es gibt eine Sorte von Männern, deren zentraler Impuls immer nur um den Tod kreist.(N68) Dabei wird die Ergebenheit an Zerstörung und Tod durch „Abreaktion" keineswegs gemindert.(...)

Denn der Selbsthass wird durch die Projektion auf ein äußeres Objekt verstärkt und wird geschürt durch Handlungen, die tief innen unbewusst als neuer Selbstverrat wahrgenommen werden. Die Zerstörungswut erhöht darum mit jedem weiteren Zerstörungsakt ihren Einsatz.(...) Alle Eroberer – seien es Politiker oder Industriemanager - können nicht mehr aufhören, wenn sie sich erst einmal auf diesem Weg befinden.(N69f)

Ergebenheit an Tod und Zerstörung – und gerade diesen Männern wird der größte Teil der Nachrichten gewidmet. Auch Hollywood und die Videospielfirmen machen enorme Umsätze mit dieser Art von Ergebenheit. Am liebsten würden die Betroffenen alles Leben vernichten, sobald es sich nur regt.

Die Geschichte unserer Kultur ist eine Geschichte von Kriegen, Vernichtungslagern, Völkermorden, Ausrottungen und Ausrottungsversuchen. Wie viele Gifte wurden erfunden, wieviele Massenvernichtungswaffen, wieviele Ideologien. Und langsam wird klar, dass all das keine schrecklichen Unfälle waren, keine Missgeburten, keine seltenen Ausnahmen – im Gegenteil, das ist die Regel, das System, die Kultur. Ist das nicht eine schreckliche Erkenntnis?

Und doch wurden all diese Männer nicht zum Morden und zum Zerstören geboren. Aber all diese Männer haben die Liebe nie kennen lernen dürfen, und sie hatten nie eine Chance, wirklich erwachsen zu werden, wirklich verantwortungsbewusst. Gerade deshalb drängen viele von ihnen nach großer Verantwortung. Dabei sind sie irgendwo fünfjährig geblieben, im besten Fall. Das kann nicht nur, das muss schiefgehen. Fünfjährige können die Konsequenzen ihres Handelns selten richtigeinschätzen.

Laut Gruen ist etwa ein knappes Drittel unserer Bevölkerung so selbstsicher, dass es im Zweifel an den menschlichen Werten festhalten und seine eigenen Entscheidungen treffen könnte. Dem steht ein ähnlich knappes Drittel gegenüber, das diese Werte nicht einmal kennt, Hass und Mordinstinkte dagegen sehr gut. Und dazwischen schwankt das übergroße letzte Drittel, das man so gern Mitte nennt, weil es sowohl zur einen als auch zur anderen Seite umkippen kann. Und weil Mitte schmeichelhafter klingt als Mitläufer.

Sie suchen jedoch nicht einen wirklich starken Führer, sondern eine Fiktion von Stärke. Diese war ja auch dem Vater, der Mutter eigen, als sie das Kind unterdrückten, um sich selbst stark und bedeutsam zu fühlen. Deshalb hoffen solche Menschen, Erlösung bei dem zu finden, der Stärke verspricht, sie jedoch gar nicht besitzt. Was sie suchen, ist der grausame König oder die grausame Königin. (F106)

Denn wir werden jenem Politiker oder Führer folgen, der unsere unbewussten Bindungen anspricht. Dessen Idealisierung beruht auf der Idealisierung der früheren Unterdrücker in Gestalt der Eltern - Was uns unbewusst zu ihnen hinzieht, ist die Verachtung für uns, die aus ihrem herabgezogenen Mundwinkel spricht. Es ist die gleiche Verachtung für uns, die wir bei unseren Eltern erlebten, und die uns unsere von ihnen aufgezwungene Verachtung für uns selbst bestätigt. Dem, der uns wirklich schätzt, trauen wir nicht, denn wir halten uns tief in unserem Inneren für wertlos.(M164)

Sich selbst nicht trauen und einer Fiktion von Stärke folgen, einer Pose, wie Gruen das an anderer Stelle nennt. Hitler hat seine Posen stundenlang vor dem Spiegel geübt und Mussolini hat sich den Wunschvorstellungen der Masse „wie ein Handschuh angepasst" (10). Nixon hat sich selbst abgehört, um seiner sicher sein zu können, und ein deutscher Vizekanzler hatte sogar in einer Realityshow geübt. Doch die sogenannte Mitte fällt auf alles rein, weil sie sich kein eigenes Urteil zutraut und weil sie am Einfühlungsvermögen kastriert ist. Die dadurch von Generation zu Generation zunehmende Gefühllosigkeit ist unübersehbar.

Das Verschwinden des Mitgefühls oder wie man heute sagt, der Empathie, macht aus dem sozialen Rudeltier Mensch einen gefährlichen Einzelgänger, ein Raubtier, die erwähnte gemeine Bestie. Klar ist, dass das Mitgefühl nicht allein verschwindet, sondern mit dem Gefühl als solchem. Gruen, der alles, was er sagt, mit oft erschreckenden Fallbeispielen belegen kann, erzählt von einem Mörder, der zugab, nur getötet zu haben, um wenigstens einmal zu fühlen, was Leben ist.

Das Verhängnisvolle ist, dass ein Mensch, der sich seinen eigenen Schmerz nicht zugesteht, auch nicht in der Lage ist, den Schmerz eines anderen Menschen wahrzunehmen. Täte er dies, würde ihn das an seinen eigenen, lange zurückliegenden Schmerz erinnern. (M14)

Alles, was an den Schmerz erinnert, wird unerträglich. Auch der Fremdenhass speist sich aus dieser Quelle. Haben Sie bemerkt, dass wir gerade fast ausschließlich über Männer reden? Strenge Erziehung bezieht sich weit mehr auf Jungen als auf Mädchen. Jungen dürfen nicht weinen, keine „Memmen" sein, nicht zart und sanft sein, nicht empfindsam und nicht gefühlvoll. Am besten wären sie hart wie Kruppstahl.

Doch sie alle hatten Gefühle gehabt, waren empfindsam gewesen, viele haben sogar viel geweint – meistens heimlich. Und Ihre Zärtlichkeit, ihre Sinnlichkeit, ihre Liebe, all dass war nun hinter einer Mauer aus Schmerz verborgen, abgespalten. Haben Sie mal gesehen, wie ein großer Ast vom Stamm abbricht? Krrrraxt, das geht durch den Stamm bis runter in die Wurzel. Das wird ein eigenes Gewächs. Und das ist unsere Liebe, sauer, dass sie nicht lieben kann. Da ist die Sinnlichkeit, und kocht vor Wut, wenn sie einen Orientalen sieht, oder einen Schwarzen, vielleicht noch mit einer Weißen. Weil sie selbst nicht sinnlich sein darf.

Ein gespaltener Mensch spürt sich nur noch durch seine Wut am Leben. Das grauenhafte Paradox besteht darin, dass seine Destruktivität die Quelle seiner Lebendigkeit ist. Das ist ein fürchterlicher Tatbestand, dem wir aber(...) täglich begegnen, da solche Menschen – man findet sie auf allen Ebenen der Gesellschaft – nicht ohne Destruktivität leben können. (S146f)

Wer hätte noch nie einen destruktiven Fünfjährigen erlebt! Das ist die psychische Basis der meisten unserer Entscheidungsträger und vieler anderer Zeitgenossen. Natürlich versuchen sie nach außen, einen erwachsenen Eindruck zu machen, und nicht nur nach außen, sondern sogar vor sich selbst. Aber Verantwortungsbewusstsein darf man von ihnen nicht erwarten. Und wenn sie glauben, dass sie nicht erwischt werden, sind sie zu allem fähig. Leider glauben das die meisten, und leider haben sie meist auch noch Recht. Gerade von den schlimmsten Verbrechern wird ja kaum einer zur Rechenschaft gezogen.

Viele werden dagegen noch Jahrzehnte lang verehrt, zumindest von dem Teil der Bevölkerung, der nach einer strengen Hand verlangt. Weil diese armen Menschen von den eigenen Eltern ihrer persönlichen Entscheidungsfähigkeit beraubt worden sind, und sich nun unsicher und verloren fühlen, wenn ihnen niemand sagt, was zu tun ist. Das nennen sie dann erleichtert ihre Pflicht.

So werden das Töten und das Zufügen von Schmerzen zur politischen Lösung, und zwar nicht nur auf der Ebene der direkten Gewalt bei der öffentlichen Kriegsführung, sondern auch im Hinblick auf Einschränkungen der Freiheit im Namen von deren Verteidigung. Die Begrenzung von Freiheit ist eben eine innere Notwendigkeit für Menschen, die Freiheit nicht aushalten können, weil sie ihrer eigenen Identifizierung mit der Macht zuwiderläuft.(D106)

Die sich mit der Macht identifizieren, das sind die Menschen, die am tiefsten gesunken sind, obwohl sie selbst aufzusteigen meinen. Ohne die gäbe es diese Macht gar nicht. Ausgeübt wird sie sowieso von ihnen. Fast alles, was bei uns Obrigkeit genannt wird, gehört dazu.

Unsere politische und wirtschaftliche Elite trifft Entscheidungen so, als hätten sie nichts mit ihrem persönlichen Sein zu tun.(M233)

Bürokraten sind ein Beispiel für die Identifizierung mit festen Regeln, die erlauben, andere leidenschaftslos sadistisch zu behandeln. Ich sage leidenschaftslos, weil der Bürokrat von den Resten menschlicher Gefühle, die ihm Mühe machen, befreit

wird. Die nationalsozialistischen Massenmorde, die Zwangssteri-
lisierung „Erbkranker" oder das Töten von Geisteskranken und
Behinderten war für solche Menschen in erster Linie nur ein ver-
waltungstechnisches und formaljuristisches Problem. (G119)
Psychopathen und Bürokraten festigen und fördern gemeinsam
die Zerstückelung unserer Sicht und Wahrnehmungen, weil ihre
eigene persönliche Kohäsion die Gespaltenheit benötigt. Beide
sind erbitterte Feinde jeglicher Integration, die auf eine Gesamt-
sicht der persönlichen, ökonomischen und sozialen Dinge zielt. ..
Zusammen kämpfen sie gegen den Zusammenhalt unserer Welt.
.. Zu Beginn des 21. Jahrhunderts sind wir vom Ende der Natur
und damit der Welt selbst bedroht, weil sich eine Technik, die
scheinbar volle Herrschaft über den Planeten Erde ermöglicht, in
der Hand von Psychopathen und Bürokraten befindet.(G,140)

So betrachtet ist der Zustand der Welt kein unerklärliches Unglück mehr. Der große Bogen vom Unschuldslamm zur gemei-
nen Bestie, vom Unterdrückten zum Unterdrücker, vom Opfer
zum Täter – dieser Bogen wird zum Kreis, sobald ein Kind geboren wird, ein neues Opferlamm für einen neuen Zyklus, für eine
neue Runde im Hamsterrad. Noch einmal Arno Gruen:

Wir befinden uns in einem Teufelskreis: Menschen, deren Iden-
tität verformt ist, weil sie ihr Lebendigsein eingebüßt haben,
können ihre Kinder auch nicht in der ihnen eigenen Lebendigkeit
wahrnehmen, und sie demzufolge auch nicht auf ihre Kinder
zurückspiegeln. Doch ein Kind bedarf dieser Rückkopplung.
(M38)Sein Begehren, durch Blick und Gehör mit dem anderen zu
kommunizieren, ist noch essentieller als der Nahrungstrieb.
(M101)

Und noch ein letztes Mal:

Langfristig gibt es jedoch nur einen Weg, der aus der Misere
führt und eine wirkliche Veränderung bedeutet: Wir müssen
dafür sorgen, dass unsere Kinder so aufwachsen, dass ein inne-
res Opfersein gar nicht erst entsteht.(D114)

Das ist jedoch ohne Zweifel schon ein Thema, das zum Aufstieg
gehört, vom Dunkel ins Licht, also in den zweiten Teil unserer

Reise, den erfreulicheren, der nun folgt. Dort ist er sogar sehr zentral. Wir sind jedoch am tiefsten Punkt angekommen und stehen vor der zerrissenen Bestie, die sich selbst so sehr hasst, dass sie Schluss machen möchte – mit sich und mit allem anderen. Tiefer geht es nicht mehr.

Obwohl wir uns nun mit Dank von Arno Gruen verabschieden, meinem verehrten Lehrer, möge bitte niemand glauben, er kenne jetzt das Grundsätzliche aus des Professors Werk, oder wenigstens einen Querschnitt aus den erwähnten sechs Büchern, die mich lange beschäftigt haben. Das wäre weit gefehlt. Sie kennen lediglich einen Abriss dessen, was mich dieser große Gelehrte im Zusammenhang mit meinem Thema besser hat verstehen lassen. Sie durften die Stellen in meinem großen Puzzle betrachten, die zu vollenden der Meister mir geholfen hat. Doch er selbst hat seine eigenen, größeren „Puzzles", von denen Sie, wie gesagt, sechs bei dtv finden.

Ach ja, fast hätte ich das Wichtigste vergessen: er hat natürlich nicht nur Ideen für die zukünftigen Generationen, er weiß auch, was denen helfen könnte, die ihre Kindheit schon eine Weile hinter sich gelassen haben und den Drang spüren, wirklich erwachsen zu werden. Also bitten wir den Herrn Professor noch um eine Zugabe:

Der Selbsthass, der den Menschen peinigt, kann nur reduziert werden, wenn wir uns den Wunden stellen (G157) ...und erkennen, wo auch wir Terror und Unterdrückung durch vermeintliche Liebe erlitten haben. Es ist schwer, sich dem eigenen Terror zu stellen, sich die Defizite in der Liebe unserer Eltern einzugestehen und den eigenen Schmerz und die eigenen Verletzungen (wieder) zu durchleben. Aber es ist der einzige Weg zu einer wirklichen Befreiung von der Knechtschaft. Konfuzius sagte: „Wer sein Leiden leidet, wird frei vom Leiden".(F193)

B 6 Rundblick

Die Natur versteht gar keinen Spaß,
sie ist immer wahr, immer ernst, immer streng;
sie hat immer recht, und die Fehler und Irrtümer
sind immer die des Menschen.
(Goethe)

Wem genug zu wenig ist, dem ist nichts genug.
(Epikur)

Die Steinzeit ist auch nicht zu Ende gegangen,
weil es keine Steine mehr gab.
(Arabischer Ölminister, laut taz)

Das Leben läuft nicht rückwärts
noch verweilt es beim Gestern.
(Kalhil Gibran)

Wir müssen der Wandel sein,
den wir in der Welt sehen wollen.
(Mahatma Gandhi)

Die häufigste Lüge in unserem Kulturkreis besteht aus nur drei Worten: Ich liebe Dich! Wäre es wahr, müsste man es nicht erwähnen. Wenn man wem auf die Nase haut, sagt man auch nicht „Ich hau dir auf die Nase", höchstens vorher. Weil man genau weiß, dass der andere es merkt, wenn die Nase erst mal blutet. Warum glauben so wenige, dass der andere es merkt, wenn man ihn liebt? Weil sie es selbst nicht glauben!

Niemand sagt beim Essen „ich esse" und beim Gehen „ich gehe". Einen Tischler, der bei der Arbeit ständig versicherte „ich tischlere" würde keiner ernst nehmen. Außerdem würde er sich öfter in den Finger schneiden. Genauso ist es mit der Liebe.

Wären wir wirklich ehrlich, würden wir fast immer etwas anderes sagen als „ich liebe dich". „Ich würde dich gerne lieben" käme der Wahrheit schon näher. „Ich versuche doch so gut ich kann, dich zu lieben", wäre auch nicht schlecht. „Du gefällst mir" wäre wohl noch relativ ehrlich, aber dann müsste man meist hinzufügen „solange du in meine Wunschvorstellungen passt". „Ich will dich haben" käme der grausamen Wahrheit meist am nächsten. Dabei wäre ein einfaches „Danke" am ehesten ein Hinweis auf so etwas wie Liebe. Ein Blick sollte auch reichen. Es ist so offensichtlich: spätestens beim Aussprechen der drei Worte liebt man nicht, sondern man redet. Liebe und von Liebe reden ist ganz und gar nicht das Gleiche. Im Gegenteil, Worte werden häufig gebraucht, um Empfindungen zu unterdrücken. Besser als im 60er Jahre Hit „And then he kissed me" kann man diese Tatsache kaum ausdrücken: „I did not know just what to do, so I whispered I love you – and then he kissed me." Sie versichert ihm ihre Liebe, um ihre Leere und Langeweile zu überbrücken. Gerade die Beschwörung der Liebe verrät ihre Abwesenheit.

Nur die Abwesenheit der Liebe macht die Beschwörung nötig. Nur die, die nicht sicher sind, müssen ihre Liebe erklären. Mit der herkömmlichen Liebeserklärung versucht man nicht nur den Partner zu überzeugen, sondern vor allem auch sich selbst. Nur abgefeimte Heiratsschwindler und gewohnheitsmäßige Fremdgeher belügen kaltblütig und bewusst ihr Gegenüber, die Mehrheit möchte es wirklich gerne selbst glauben. Niemand ist gern liebesunfähig! Wir alle würden gerne lieben, wenn wir könnten. Jeder Liebesschwur drückt die verzweifelte Hoffnung aus, der Wahrheit nicht ins Gesicht schauen zu müssen.

Die Wahrheit kann grausam sein und schmerzhaft. Aus unserem Alltag ist sie weitgehend verbannt. Aber ohne Wahrheit gibt es keine Liebe, genau wie es ohne Liebe keine große Wahrheit gibt. Auch die Liebe ist aus unserem Alltag verbannt. Trotzdem ist sie allgegenwärtig, sie hält den Kosmos zusammen, bewegt ihn und sie ist auch unser wichtigster Antrieb. Sie beherrscht unser Leben und diktiert unser Verhalten, das der schlimmsten Sünder genau so wie das der wenigen Heiligen. Von diesem offensichtlichen Widerspruch handelt dieses Buch. Aus unserem Alltag ist die Liebe verbannt, weil sie als gesellschaftliche Kraft ausradiert und zur Privatsache erklärt wurde. Nun gibt es sie nur noch hinter verschlossenen Türen oder in abgeschiedener Zweisamkeit. Was dort alles als Liebe gelebt und gelitten wird, kann sich niemand vorstellen - weil sich eben jeder etwas anderes darunter vorstellt, oft genug etwas für die meisten anderen Unvorstellbares. Wir haben die Liebe jeder gesellschaftlichen Kontrolle entzogen und sie in einen Dark-Room gezwängt, wo alles erlaubt ist, weil es keiner sieht.

Außerdem gibt es keine anerkannte Definition der Liebe, sondern gleich Tausende, aus denen sich dann jeder seinen eigenen Liebestraum zusammenwurschteln muss. Einer der schlimmsten Fehler in Liebesbeziehungen ist die Zuversicht, dass sich der Andere schon mehr oder weniger das Gleiche ausmalt, wenn von Liebe die Rede ist. Fragen Sie mal nach, was gemeint ist, wenn die drei Worte fallen. Sie werden sich wahrscheinlich wundern. Das macht selten jemand, weil der Abend dann eventuell versaut ist. Dabei wäre das immer noch besser als ein paar versaute Jahre oder gar ein ganzes Leben. Doch wir machen uns alle gern Illusionen, und in der Liebe am liebsten.

Die Liebe ist nämlich wichtig für uns, lebenswichtig, und jede einzelne unserer Zellen weiß das ganz genau. Die Liebe gehört zu den Grundbedürfnissen eines jeden Lebewesens, vielleicht noch vor Atmen, Trinken, Essen und dem jeweiligen Gegenteil. Je höher das Lebewesen entwickelt ist, desto mehr Liebe benötigt es, um zum gesunden Exemplar der Gattung heranzuwachsen und es möglichst lange zu bleiben. Der Mensch gehört gewiss zu den anspruchsvolleren Gattungen, gibt es doch viele, die ihn für die Krone der Schöpfung halten. Wieviel Liebe mag dann ein Mensch brauchen, um ein ordentliches Exemplar seiner Gattung zu werden und zu bleiben: edel, hilfreich und gut! Zum Glück hat die wissende Natur es ja so eingerichtet, dass die Liebe allgegenwärtig ist. Wir dürfen uns nur nicht vor ihr verschließen – oder verschlossen werden. Dann ist nix mit edel, hilfreich und gut. Es steht unbestritten fest, dass eine Kindheit ohne Liebe fast ausnahmslos konfliktive, aggressive und asoziale Menschen heranwachsen lässt. Umgekehrt kann man beobachten, dass eine liebevolle Umgebung soziale, kreative, frohe und umgängliche Mitmenschen hervorbringt.

Die Tatsache, dass wir heute einer ständig wachsenden Jugendkriminalität mit immer jüngeren und immer hemmungsloseren Tätern zusehen müssen, ist ein klares Indiz dafür, dass unsere Kinder am gravierendsten aller Mängel leiden, an mangelnder Liebe. Auf der anderen Seite der Welt verhungert alle sieben Sekunden ein Kind, weil ihm ein wenig von der Nahrung fehlt, die auf dieser Seite weggeworfen wird, aber die oft zu fetten Kinder auf unserer Seite verrohen fast noch schneller, als jene sterben. Beide Seiten gehen letztlich an der uns nicht möglichen Liebe zugrunde, und ein liebloses Kind ist auch nicht wesentlich erfreulicher als ein lebloses.

Trotzdem können wir zuschauen, wie nicht nur die Jugend, sondern unser gesamtes Umfeld immer brutaler wird, und das täglich schneller. Niemand kann ernsthaft behaupten, dass die Menschen in unseren Großstädten liebevoll miteinander umgehen. Niemand erwartet es noch. Kaum jemand ist noch dazu fähig. Und wenn es jemand trotzdem versucht, erntet er meist nur ein mitleidiges Lächeln, oder er hat eine zweibeinige Hyäne an den Fersen. Dabei ist die Liebe wahrhaftig der einzige Ausweg aus dem Elend, unserem persönlichen Elend sowieso, aber auch dem der Erde. Nur wenn die Liebe auch in unserem Alltag allgegenwärtig wäre, hätten wir eine Chance auf ein erfülltes menschliches Dasein. Doch allgegenwärtig ist sie ganz und gar nicht mehr.

Sechstausend Jahre kultureller Fortschritt haben uns weit fort schreiten lassen, vor allem fort von uns selbst. Der Fremde in uns, wie Arno Gruen den abgespaltenen Teil in unserem Innersten nennt, ist nichts als unsere menschliche Natur, unser eigentliches Wesen; das, was den Menschen vom Unmenschen unterscheidet. Da unsere Natur jedoch untrennbarer Teil der uns umgebenden Natur ist, richtet sich der Hass prinzipiell gegen die Natur in all ihren vielen Erscheinungsformen. Für uns ist der Gegensatz von Kultur und Natur geradezu selbstverständlich geworden, eigentlich die Definition von beidem. Als ob es keine Kultur des Menschlichen geben könnte, keine Kultur des Lebendigen. Und da wundern wir uns über die Zerstörung unserer Umwelt! Einige streiten sogar ab, dass diese etwas mit dem Tun des Menschen zu tun hat. Die dafür verantwortliche Zerstörung unserer Innenwelt haben wir offiziell noch nicht einmal zur Kenntnis genommen, dabei ist diese im gleichen Zustand wie die Außenwelt, unser Heimatplanet. Wir haben uns so gründlich an die Qual gewöhnt, dass wir sie für normal halten. Wir denken wie die Ochsen von Karen Blixen: „So ist die Welt nun einmal, und das sind die Bedingungen des Lebens. Sie sind hart, sehr hart. Alles nur, weil wir geboren sind..."

Die Zerstörung der Umwelt, die wir als unglücklichen Unfall betrachten oder als den zu zahlenden Preis für unseren Lebenswandel, müssen wir ganz anders einordnen. Wir verdanken sie den niedersten Instinkten –der Zerstörungswut und dem Hass auf alles Lebendige – ausgehend von einem niemals eingestandenen Selbsthass. Ein Großteil unserer Entscheidungsträger ist grundsätzlich nichts anderes als ein Selbstmordattentäter, allerdings auf globalem Niveau, das ist eine ganz andere Liga. Fast systematisch haben die Wegbereiter unserer Kultur sich gegen die Natur entschieden, sie zum Feind gemacht. Häufig ist sie einfach Schmutz für uns. Immer noch versuchen wir, sie uns untertan zu machen. Doch so richtig will das mit der Beherrschung der Naturgewalten auch nach 6000 Jahren nicht klappen, selbst wenn wir uns noch soviel Mühe geben.

Mit aller Macht versuchen wir aus dem ewigen und allgegenwärtigen Kreisen eine stetige Gerade zu machen. Wo alles verbunden ist, bemühen wir uns, zu trennen und zu teilen. Das wilde Durcheinander wollen wir ordnen, das kreative Brodeln verwalten, die verschwenderische Vielfalt vereinheitlichen. Den Wandel verhindern wir, so gut wir können, lieber soll alles beim Alten bleiben. Vergänglichkeit und Tod möchten wir abschaffen; das lebendige Auf und Ab machen wir zu Auf, Aufer und am Aufesten. All diese Anstrengungen sind direkt gegen die Kraft der Natur gerichtet, der in uns selbst verhassten Natur. So ist es nur logisch, dass sie sich unsere Anstrengungen tatsächlich immer wieder gegen uns selbst richten.

Falls es in der gesamten Entwicklung unseres Universums eine Konstante gibt, dann ist das die Evolution, das Hervorbringen einer immer größeren Vielzahl immer komplexerer Organismen mit immer mehr Bewusstsein, die alle in wechselseitiger Abhängigkeit miteinander verbunden sind. Die Grandiosität dieses kosmischen Wunders ist so unfassbar, dass es tatsächlich von den Meisten gar nicht als solches erkannt wird. Teil dieses Wunders sein zu dürfen, ist ein schier unglaubliches Glück, von dem wir alle überwältigt sein sollten. Dass die natürlich lebenden Menschen nichts weiter brauchten, um glücklich zu sein, hat sehr viel damit zu tun, dass sie um diese Abhängigkeiten und Verbindungen noch wussten. Sie fühlten sich allein mit der Teilhabe schon so reich beschenkt, dass sie allen Grund hatten, glücklich zu sein. Dies einfache Glück des reinen Daseins ist den Menschen unserer Zivilisation weitestgehend ausgetrieben worden, und zwar gleich zweimal. Einmal kollektiv und einmal individuell, denn als wir auf die Welt kamen, haben wir alle dieses Glück noch empfunden, aber auch uns ist es mit der „Zivilisierung" abhanden gekommen. Dort, wo jene Wilden das Glück empfanden, fühlen wir allenfalls ein Loch oder einen Knoten. Und weil wir da nur noch diesen Knoten fühlen, wenn überhaupt, merken wir nicht einmal, was wir der Natur in uns und um uns antun. Wir merken es erst, wenn es auf uns zurückkommt, doch dann sehen wir uns als Opfer und geben der Natur die Schuld – genau wie einst der Kirchenvater Augustin.

Wenn es also ein Vorbild gibt für die zukünftige Organisation einer lebenswerten Gesellschaft, dann ist es nur in der Organisation der Natur zu finden, deren liebste Beschäftigung die Bereicherung und Kräftigung des Lebens zu sein scheint. Betrachten wir den evolutionären Prozess genauer, stellen wir schnell fest, dass es grundsätzliche Prinzipien gibt, die sich in all seinen Erscheinungsformen wiederholen. Eines ist der Zusammenschluss von vielen kleinen Einheiten zu einer größeren Einheit, die etwas ganz Neues ist, und vor allem mehr als die Summe der kleinen Einheiten. Dabei ist bemerkenswert, dass jede der einzelnen Einheiten in ihrer Identität erhalten bleibt. Wir können das bei der Bildung von Molekülen beobachten, bei der Selbstorganisation von Kristallen, beim Wachstum von der Keimzelle zum Organismus, und auch bei der sozialen Organisation von Fisch-oder Vogelschwärmen sowie Insektenstaaten. Jeder Schritt ist bei diesem Prozess ein Schritt hin zu größerer Komplexität – und wohl auch zu einem höheren Bewusstsein. Die weitaus besten evolutionären Möglichkeiten haben dabei jene Systeme, welche die größte Vielfalt in einer zusammenhängenden Struktur vereinigen können!

Betrachten wir nun die gesellschaftliche Entwicklung auf unserem Planeten, und vor allem die aktuelle, die sogenannte Globalisierung, erkennen wir sehr schnell, dass sie genau in die entgegengesetzte Richtung verläuft – hin zur Vereinheitlichung, zur Gleichmacherei, zur Ausrottung des Andersartigen. Die Vielfalt wird durch Einfalt ersetzt. So gesehen, ist Brüssel, und leider nicht nur Brüssel, eine gigantische Umweltsünde, widernatürliche Gesetzgebung. Schon wieder wider die Natur, das ist bestimmt kein Zufall. „Macht sie endlich UnteRRRtAAn!"

In seiner breit angelegten Studie über „Aufstieg und Fall der großen Zivilisationen" hat Arnold Toynbee festgestellt, dass der Niedergang der Zivilisation grundsätzlich mit einer Tendenz zu Standardisierung und Uniformität einherging. In ihrer Wachstumsphase dagegen hatten all diese Zivilisationen ein klare Tendenz zu Vielfalt und Unterschiedlichkeit gezeigt. Die allen Prinzipien der Natur widersprechende Globalisierung, welche die großzügige Vielfalt vereinfacht, kann genauso gut der Tropfen sein, der das Fass zum Überlaufen bringt, der Todesstoß für diese lebensfeindliche Kultur.

Der Natur wäre es recht. Die Natur schätzt den Wandel. Leben ist ununterbrochener Wandel. Deshalb sollten wir uns auf den Wandel vorbereiten, ihn unterstützen, ihn vorantreiben. Wenn wir uns dabei am Beispiel der Natur orientieren, werden wir die wenigsten Rückschläge erleiden. Je mehr wir mit der Natur Hand in Hand gehen, desto weniger Kraft werden wir aufbringen müssen. Überall zeigt uns die Natur, wie man funktionierende Strukturen, Organisationen und Organismen aufbaut. Immer von Innen, nie von außen. Vom Kleinen zum Großen, nicht umgekehrt. Durch Anziehung, nicht durch Druck. Durch Flexibilität und freien Fluss statt durch Kanalisation und Eindämmung. Und dadurch, dass es entweder dem Gesamten nutzt oder gar nicht erst stattfindet.

Da unser Leben wegen der totalen Nichtbeachtung gerade der letzten Maxime immer mehr zu einem Wirtschaftsprozess verkommen ist, wird der längst stattfindende Wandel auf jeden Fall einen Wandel des Wirtschaftssystems mit sich bringen müssen – oder umgekehrt, der Zusammenbruch des Wirtschafts- und Finanzsystems bringt den Wandel mit sich. Auch hier wird man einen Weg zurück zur Natur finden müssen, eigentlich nur zu der uns allen angeborenen Vernunft. Unbegrenztes Wachstum ist nicht nur widernatürlich, sondern eine infantile Schnapsidee, man muss es sich nur mal vorzustellen versuchen, und das ist seit mindestens 40 Jahren wissenschaftlich bekannt, aber nichts hat sich geändert am Konzept. Der Zinszwang zwingt zum Wachstum. Das ist eigentlich fast schon beruhigend, denn es bedeutet auch, dass das System zusammenbrechen muss, sobald die Grenze des Wachstums erreicht ist. Unbegrenzter Reichtum ist genau so widernatürlich. Menschenrechte für Konzerne sind eine Perversion. Auf die Idee, diese Rechte unserer Mutter Erde zuzusprechen, konnte erst vor wenigen Jahren ein Staatspräsident mit indianischen Wurzeln kommen. Hoffentlich hilft es Evo Morales und Pacha Mama, dass er dafür von der Vollversammlung der Vereinten Nationen zum "World Hero of Mother Earth" ernannt wurde. Doch das ist wirklich ein Thema für ein anderes Buch.

Eine Tatsache dagegen muss an dieser Stelle noch einmal ganz klar hervorgehoben werden, auch wenn sie schon ein paarmal anklang und eigentlich als zwingender Schluss aus dem bisher Gesagten unvermeidlich ist. Kein Wandel, kein Umsturz und keine Revolution wird dauerhaft etwas verändern können, solange die Menschen die Gleichen bleiben, solange der Charakter der Handelnden sich nicht verändert (Reich), der Wandel nicht im Inneren stattfindet (Krishnamurti u. Gandhi), den Kindern das innere Opfersein aufgezwungen wird (Gruen), der liebende Christus in jedem Kind ermordet wird (Reich).

C 7. Die universelle Kraft

Getrieben von der Macht der Liebe,

suchen die Teile der Welt einander,

damit die Welt entstehen kann.

(Pierre Teilhard de Chardin)

Beginnen wir unseren Lobgesang auf die natürliche Liebe mit einem schlichten Zitat:

"Eine Beobachtung war die, dass zwei Personen mit ihren Energiefeldern in Kontakt miteinander kommen konnten, ohne dass sich ihre Körper berühren mussten. Der energetische Kontakt entstand also über eine gewisse Entfernung hinweg, und wenn es dazu kam, sprang sozusagen der Funke über. Kam es zu einem solchen Zusammenfließen, zu einem wechselseitigen Durchdringen der Energiefelder, so entstand bei beiden Personen ein höherer Grad an Erregung, das Leuchten ihrer Augen wurde intensiver und ihre innere Bewegung stärker. Außerdem bewegten sich die Personen aufeinander zu, als gäbe es eine wechselseitige Anziehung, als würden sie zueinander hingezogen."

Nun ja, werden Sie jetzt denken, das ist doch nichts Besonderes, das kennt doch jeder. Recht haben Sie! Was für eine schöne Beschreibung von entstehender Liebe! Aber nun muss ich es gestehen: es geht in diesem Zitat gar nicht um Personen. Damit Sie den Absatz nicht gleich übersprungen haben, wurden aus den Bionen, von denen das Originalzitat berichtet, attraktivere Wesen wie Sie und ich. Um dem Betrug ein Ende zu machen, verrate ich Ihnen noch, dass Bionen keine Augen haben, sondern selbst leuchten. Aber am Menschen leuchten halt die Augen. Sonst passt alles haargenau. Der Text stammt aus einem Sachbuch, das von Experimenten mit einer Vorstufe des Lebens berichtet, eben den Bionen. Die aber gibt es gar nicht, wenn man der herrschenden biologischen Forschung glaubt. Uns soll das egal sein, denn es beschreibt das Verhalten aller höheren, wissenschaftlich anerkannten Arten von Lebewesen selbst dann hervorragend, wenn es diese Vorstufe tatsächlich nicht geben sollte. Ohne Zweifel verhalten sich die angezweifelten Bione ganz ähnlich wie nicht bezweifelte Bakterien, Geißeltierchen, Florfliegen oder Wasserflöhe, wie Kriechtiere, Fische, Vögel, wie Säugetiere, Raubtiere, große Tiere – und jede gesunde Person. Energetischer Kontakt erzeugt Erregung, Anziehung und im besten Fall leuchtende Augen. Schließlich sollen Sie auch noch wissen, dass nicht nur Dante Alighieri, die Indianer und ich meinen, dass man die Kette der aufgezählten Lebensformen noch nach oben erweitern darf – dass also selbst das Verhalten von Sonne, Mond, Planeten und Sternen mit dem leicht verfälschten Zitat besser beschrieben werden könnte als mit der wahrlich obskuren schwarzen Masse der Astrophysiker. (11)

Ohne Zweifel verhalten sich die Galaxien sowie der gesamte Kosmos ganz anders, als sie sich verhalten müssten, wenn sie seit dem Big Bang, dem definitiv lieblosesten Schöpfungsmythos der Menschheitsgeschichte, tatsächlich nur physikalischen Gesetzmäßigkeiten gehorchen würden. In Wirklichkeit wissen auch die Astrophysiker, dass der Dualismus von Geben und Nehmen den ganzen Kosmos beherrscht. Und nichts beschreibt die Liebe besser als dieser Dualismus: dass Geben und Nehmen Eins ist. Es wäre einfacher, auch die Liebe als universelle Kraft anzuerkennen und zu bemerken, dass sich subatomare Teilchen, Fruchtfliegen, Menschen und selbst Himmelskörper dieser Kraft genauso zu fügen haben wie der Fliehkraft oder der Schwerkraft.

Fatal ist, dass eine lieblose Wissenschaft die Liebe nicht wahrnehmen kann und ein Modell für einen toten, lebensfeindlichen Kosmos braucht. Nur deswegen musste diese schwarze Masse erfunden werden, die angeblich gar nichts verbirgt – außer dem kosmischen Grundprinzip: alles sehnt sich nach Vereinigung. Die astrophysikalische Theorie dient dem Modell und der menschlichen Eitelkeit, aber das Leben erklärt oder erleichtert sie nicht, ganz im Gegenteil. Diesmal wird eher selig, wer es lieber nicht glaubt. Deshalb betrachten wir die Liebe als universelle Kraft, die wir sowohl den Geißeltierchen als auch den Galaxien gönnen dürfen, wenn wir sie doch schon überall beobachten können. Wie sollte es auch anders sein, wenn alles Eins ist.

Uns geht es dabei natürlich vor allem um die ebenfalls sehr treffend beschriebenen Personen, einen an und für sich erlesenen Kreis. Ohne Zweifel können auch wir durch die Annäherung anderer Personen in höhere Erregung geraten und uns angezogen fühlen. Ja wir können sogar zu leuchten beginnen, was vielleicht nicht jeder bemerkt, sensiblen Menschen aber nicht verborgen bleibt und als erstrahlende Aura wahrgenommen wird. Dieses Strahlen ist physikalisch messbar. Auch wir haben es immer gewusst, haben wir doch alle schon mal einen Freund mit den Worten begrüßt: „Du strahlst ja richtig!".

Wenn wir die Liebe als universelle Kraft anerkennen, ist auch leichter zu verstehen, dass uns die Liebe, genau wie die Schwerkraft, eher zerschmettern wird, als uns aus der Reihe tanzen zu lassen. Wir müssen lieben, wie wir hinfallen müssen. Wenn wir das nicht beachten, stolpern wir oder wir leiten die universelle Liebeskraft, die uns innewohnt, auf abenteuerliche Irrwege. Davon haben wir ja nun einiges gehört. Wenn wir grundsätzlich zu lieben gehindert werden, stauen wir unkontrollierbare Kräfte auf, wir werden zu einem Vulkan, der jederzeit mehr oder weniger heftig ausbrechen kann. Nicht nur die spektakulären Amokläufe gehören dazu, auch die Weltgeschichte ist voller Grauen durch tausendfach widergespiegelte, eigentlich persönliche Katastrophen. Alle Massenmörder, alle Völkerschlächter sind solche Vulkane, aber weder Adolf Hitler noch Leutnant Calley wurden als Vulkan geboren, weder Adolf Mengele noch Josef Stalin, und auch nicht Rush und Bumsfeld. Gemeinsam haben sie alle, dass ihnen die Liebe zu Hass geworden war – und dass ihnen eine willige Schar von Menschen gerne folgte, denen es genau so ging.

Immer wieder wird behauptet, der Mensch sei von Natur aus schlecht, aber das stimmt nicht, denn es gibt immer noch Kulturen, in denen er im Allgemeinen edel, hilfreich und gut ist. Wir alle wissen, dass es unendlich viel mehr von diesen Kulturen gegeben hat, auf allen fünf Kontinenten. Die meisten sind erst in den letzten Jahrhunderten ausgerottet worden, und immer nur von Lieblosen, die sicherlich lieber geliebt hätten als gemordet. Bei jedem bösartigen Individuum können Psychologen, Heiler und Seher die Ursache all seiner unedlen, unguten Charakterzüge in der persönlichen Geschichte erkennen, fast ausnahmslos in der frühen Kindheit. Früher sprach man von einem, der das Böse „mit der Muttermilch eingesogen hat". Mittlerweile kennt man sogar schädliche Einflüsse in der Schwangerschaft, vom ersten Moment an, meistens Mangelerscheinungen, direkt oder indirekt Mangel an Liebe. Indirekt, weil auch das Verhungernlassen lieblos ist.

Es ist absurd, dass ein liebender Kosmos sich eine lieblose „Krone der Schöpfung" aufgesetzt haben soll. Also gehen wir im Folgenden auch noch davon aus, dass das befruchtete menschliche Ei der universellen Kraft der Liebe genau so folgen will wie atomare Bausteine und Galaxien. Wenn ein liebloser Mensch daraus wird, hat das Gründe, die nicht im Ei zu suchen sondern in den äußeren Umständen. Zu diesen müssen wir allerdings die ganze Geschichte unserer Kultur und die darin eingewobene Geschichte unseres Bildes von der Liebe rechnen.

Der menschliche Keim will gut werden, und ein liebendes Universum will ihm dabei helfen. Aber irgendwann tauchte unsere Zivilisation auf.

Wir haben es wirklich nicht leicht, und die kosmische Kraft hat es nicht leicht mit uns. Doch mit Sicherheit haben wir keine Chance gegen sie. Alles wäre einfacher, schöner und besser,könnten wir uns nur dieser Kraft HINGEBEN,DENN ZU NICHTS ANDEREM SIND WIR GEBOREN.Den Versuch ist es wert.

8 Schwingung und Resonanz

Schläft ein Lied in allen Dingen,
die da träumen fort und fort
und die Welt fängt an zu singen,
triffst du nur das Zauberwort.
(Josef von Eichendorff)

Wenn wir uns die Kräfte anschauen, die im Universum wirksam sind, können wir allerlei Wunder entdecken, die kein Wissenschaftler begründen kann, sondern allenfalls beschreiben. Das sind die „Naturgesetze". Ein hässliches Wort. Die uns schaffenden und erhaltenden Kräfte als bürokratischen Akt zu disqualifizieren, das kann nur einer Bürokratenseele eingefallen sein. Dabei gibt es unter diesen wundervollen Kräften einige, deren segensreiche Wirkungen denen der Liebe sehr ähnlich sind, was den wenigsten Gesetzen nachgesagt werden kann. Eines dieser Wunder wollen wir uns jetzt ein wenig näher anschauen.

Alles schwingt! Alles! Nichts ist starr. Nichts steht still. Der Kosmos schwingt, jeder Himmelskörper schwingt und im Kleinen schwingt auch jedes Atom. Alles was dazwischen liegt, schwingt sowieso, und zwar auf vielen verschiedenen Ebenen, genau wie auch wir. Offensichtlich ist das Schwingen zwischen zwei Amplituden, also zwischen Wellenberg und Wellental, viel vorteilhafter als ein starrer Zustand – weil es uns, und nicht nur uns, die Möglichkeit gibt, auf veränderte Umstände mit Veränderung zu reagieren, zu wachsen und zu lernen.

All diese Schwingungen erzeugen Wellen, die sich nach allen Seiten ausbreiten und dabei Energien und Informationen transportieren. Ein riesiges Meer aus Wellen –aus was sonst – in dem wir schwimmen, ist eine sehr realistische Sichtweise unseres Daseins. Natürlich schwimmen wir nicht wie ein Badegast in diesem Meer, sondern eher wie eine Qualle, wir gehören dazu, wir sind Teil dieses Meeres. Auch wir sind zuallererst Wellen, ein kleines Wellenmeer im großen.

"Wir schwimmen nicht nur in einem Meer elektromagnetischer Felder, sondern wir werden von ihm durchdrungen, ja man kann sogar sagen, dass wir selbst Bestandteil dieses Meeres sind, da in unserem Organismus ebenfalls solche Felder existieren." (12)

All diese Schwingungen breiten sich nach allen Seiten aus - was für ein Durcheinander! Das reine Chaos. Auch das ist scheinbar gut für uns, zeigt doch die moderne Chaosforschung, dass das wilde Durcheinander sehr erfinderisch ist und immer wieder neue Möglichkeiten anbieten kann. Wie es aussieht, hat das Chaos seinen schlechten Ruf nicht verdient.

Wenn viele Wellen zur gleichen Zeit am gleichen Ort sind, kann zwischen ihnen alles Mögliche passieren. Einige durchdringen sich unbeeindruckt, andere verstärken sich, schwächen sich oder löschen sich gar aus. Und wir sind mittendrin. Wie unser Radio, das in genau der gleichen energetischen Suppe schwimmt, können auch wir mit einigen Wellen viel anfangen, mit einigen gar nichts, andere stören und schwächen uns. Viele sind lebensnotwendig für den Menschen, da er sich in seiner langen Evolution auf genau die Wellensuppe eingestellt hat, die er vorfand. Neue Wellen in diese Suppe zu kippen, muss Folgen haben, manchmal fatale. Bis jetzt gibt es leider wenig Forschung und noch weniger Erkenntnisse über den Einfluss der ständig dazukommenden Wellen nicht natürlichen Ursprungs in unserer unentwegt modernisierten Umgebung. Nur wenn mehrere Richtfunk-Antennen zu dicht neben einer Schule stehen, hört man manchmal Klagen. Dabei spielen wir – wieder mal - mit dem Feuer.

Vor allem Schwingungen mit der gleichen oder einer sehr ähnlichen Wellenlänge beeinflussen sich gegenseitig heftig. Sie schaffen Verbindungen und erzeugen komplexe Schwingungsmuster, die Raum oder Zeit eine Struktur einprägen können. Sie bringen Gleichartiges dazu, sich gleichartig zu verhalten und bewirken so reale materielle Formbildung. Sie sind mitverantwortlich für das Wunder der lebendigen Natur, die überall und immer wieder aus diesen Zusammenschlüssen mehr werden lässt als die Summe ihrer Teile.

Falls Ihnen das ein bisschen viel vorkommt, gehen Sie mal in ein Holographie-Museum. In Köln-Pulheim gab es mal eines. All die Dinge, die Sie dort zu sehen meinten und nach denen Kinder sofort griffen, sind nichts weiter als geschickt verarbeitete Schwingungen - in den Raum eingravierte Strukturen. Zwar sind die dazu notwendigen Instrumente relativ raffiniert, vor allem, wenn man sie mit dem Faustkeil vergleicht; vergleicht man sie jedoch mit den unerschöpflichen Möglichkeiten der Natur, sind sie dem Faustkeil sicher noch recht nahe.

Seit 250 000 Jahren läuft der Homo sapiens auf dieser Erde herum, betrachtet sie ständig, freut sich an der Sonnenwärme und hat sich daran gewöhnt, dass er hinfällt, wenn er nicht aufpasst. Den Schwingungscharakter von Licht, Wärme und Schwerkraft beginnt er gerade erst zu erkennen. Seitdem erschließt sich ihm ein Wunder nach dem anderen. Was werden wir uns noch wundern!

Langsam beginnt sich abzuzeichnen, dass diese sich überlagernden Wellen, auch Felder genannt, als formbildende Kraft hinter allem stehen, der Materie den Ort angeben, den sie einzunehmen hat, oder sich sogar zu Materie verdichten können. Doch nicht nur unsere körperliche Erscheinung wird von ihnen bestimmt, auch im nicht materiellen Bereich mischen sie kräftig mit. Es ist sehr gut möglich, dass Erinnerung und Phantasie eine Resonanzerscheinung zwischen den Gehirnwellen und solchen Feldern sind.

Ebenso gut ist möglich, dass diese und andere Möglichkeiten der schwingenden Wellen ein Teil der Kraft der Liebe sind, die ja ebenfalls Gleiches zusammenführt und bestärkt. Von Glücksgefühlen allerdings weiß man bisher weder im Mikrokosmos noch im Makrokosmos zu berichten, wohl aber von höheren Erregungszuständen, was immerhin ein Anfang ist. Glücksgefühle hat die Wissenschaft bis jetzt weder bei Regenwürmern noch bei Igeln nachweisen können, weder bei Sonnenblumen noch bei Affenbrotbäumen, und schon gar nicht bei Steinen oder Himmelskörpern. Dabei weiß jeder Gärtner, dass Pflanzen auf Zuwendung dankbar mit üppigem Wachstum antworten, und kein Katzenhalter wird das Schnurren im Schoß für etwas anderes halten als einen Ausdruck absoluten Wohlseins. Haben Sie schon mal ein Pferd beobachtet, das im Frühjahr nach einem langen Aufenthalt im Stall zum erstenmal wieder auf die Weide kommt? Es wird verrückt vor Glück! Wir können nicht beurteilen, ob ein Molekül zufrieden sein kann oder gereizt, aber das Gegenteil kann auch niemand beweisen. Dass es reagiert, steht dagegen fest. Deshalb sollten wir nicht leichtfertig ausschließen, dass sowohl kleinste Teilchen als auch Planeten reagieren, weil sie empfindsam sind, weil es auch für sie einen Unterschied zwischen angenehm und unangenehm gibt. Unseren Umgang mit der Erde kann es nur verbessern – und ganz von selbst auch unseren Umgang miteinander.

Eine der Lieblingsbeschäftigungen der segensreichen Wellen ist die Resonanz, Widerklingen auf deutsch, oder Echo. Den Sinn treffen unsere Worte Mitschwingen oder Einklang viel besser. Wo immer eine Schwingung auf ein System mit gleicher oder sehr ähnlicher Wellenlänge trifft, regt es diese stark an. Wir kennen dieses Phänomen von der Gitarre, die vergessen in der Ecke steht, deren Saiten aber voller Entzücken mitklingen, wenn auf der Geige im Radio der Ton einer dieser Saiten gespielt wird. Es ist bemerkenswert, dass wir hier in einer physikalischen Erscheinung dem Grundprinzip der Liebe begegnen – auch sie funktioniert nur mit einem Partner, mindestens einem. Eine Welle allein kann gar nichts mit sich anfangen. Möglicherweise leidet sie fürchterlich, aber sie würde nie auf die Idee kommen, das Individualismus zu nennen. Sie bleibt ja auch nicht lange allein im großen Wellenmeer, in dem Überfluss an allem herrscht.

Ein ähnliches Partnerspiel der Wellen nennt man Kohärenz,

Zusammenhang. Da überlagern sich Wellen so stabil, dass sie einen geordneten Zusammenhang erreichen und ein sogenanntes Feld bilden. Auch das können sie nur zu zweit, mindestens, aber je mehr zusammenhalten, desto stärker ist ihr Zusammenhalt und ihr Einfluss. Diese Felder sorgen dann dafür, dass Teilchen ihren Platz einnehmen. So wie die Liebe dafür gesorgt hat, dass Bernd jetzt nach Osnabrück gezogen ist.

Denn nicht nur Teilchen werden durch Wellen an ihren Ort gebracht, auch wir schwingen ja, wir senden Wellen aus und wir empfangen Wellen. Alle Menschen, die sich nah genug kommen, lernen sich durch diese Wellen kennen, bevor sie einander vorgestellt werden. Manche sind sich gleich sympathisch, manche nicht, wieder andere können gar nichts miteinander anfangen. Manche bestärken sich, manche schwächen sich, einige führen zu schrillen Dissonanzen.

Auch unsere Wellen können geneigt sein, mit den uns gegenüberstehenden Wellen Zusammenhänge zu schaffen – wir finden den Kerl schon mal nett. Denn wir fühlen uns wohl. Dann scheint es zu klappen, die Wellen schmiegen sich ineinander, sie verschmelzen, sie vereinigen sich - wir sind glücklich und fühlen uns stark. Außerdem haben wir noch keine Lust, nach Hause zu gehen, und schon gar nicht allein.

So oder so ähnlich geschieht es uns unentwegt, allerdings sind wir wahrscheinlich gerade dann glücklicher, wenn die Wellen sich nicht verstärken, sondern sich so überlagern, dass sie sich aufheben. Bei Popp taucht eine interessante Eigenschaft der Kohärenz auf: Da die Zellen „zur Verständigung das Wellenfeld zwischen sich auslöschen, ergibt sich die eigenartige Situation, dass sich Lebewesen um so besser verständigen können, je weniger gut dies von einem dritten Beobachter registriert werden kann" (13). Hat man je eine bessere Beschreibung der Liebe gefunden? Die Stille beweist die Liebe viel eher als ein dramatischer Liebesschwur. Bis uns das Gegenteil bewiesen wird, gehen wir besser auch hier davon aus, dass es uns ähnlich geht wie den Zellen, reden wir doch von universellen Kräften. Je weniger aufgeregtes Theater zwischen uns ist, desto näher kommen wir der Liebe. Das gilt gerade auch für die körperliche Liebe, die mehr als alles andere ein energetischer Einklang und Austausch ist, beim dem die kleinen Wellen die ganze Arbeit machen – ziemlich genau das Gegenteil von spektakulärem Gerammel!

Auch zwischen Menschen wirken offensichtlich Resonanz und Kohärenz, und im Prinzip haben wir es immer gewusst. „Bei denen hat es gefunkt", sagte man früher; heute spricht man von „genau auf meiner Wellenlänge" oder von good Vibrations. Als gut empfinden wir die Schwingungen, wenn sie unsere Kraft und unser Wohlbefinden stärken. Deshalb sind uns manchmal Leute sympathisch, obwohl wir gar nicht wissen warum, und andere unsympathisch, obwohl sie sich sogar Mühe geben, uns zu gefallen. Es ist simpel und sogar messbar: dieser verstärkt, bestätigt und festigt unsere Eigenschwingung, jener stört und schwächt sie. Dieser gibt uns Kraft, jener raubt sie.

Auf dieser Basis funktionieren Handauflegen und Geistheilung, bei der sich tatsächlich die Hirnwellen von Patient und Heiler synchronisieren. Das ist die Erklärung für "mitreißende" Persönlichkeiten, von deren Schwingungen die Anhänger zehren, indem sie darauf mitreiten wie kleine Boote auf der Heckwelle eines Dampfers. Das Glückserlebnis dieser Synchronisation suchen die Besucher von Rock-Konzerten wie die von Sinfonie-Orchestern, wir fühlen es beim Tanz und erst recht natürlich beim Liebesakt. Es ist sehr gesund für uns, wann und wo auch immer wir es fühlen, deshalb suchen wir es instinktiv. Wer möchte nicht gern bestätigt und gestärkt werden.

Nun ist auch Gedankenlesen keine übersinnliche Kunst mehr sondern einfach hohe Sensibilität, die man sogar trainieren kann, vor allem, indem man sie beachtet. Wie in unseren Träumen erscheinen die Gedanken in Bildern, selten in Worten. Gewöhnen Sie sich an die Vorstellung: jeder Ihrer Gedanken eilt wie eine Diaprojektion in alle Richtungen davon, und sobald eine Projektionsfläche auftaucht, ist Ihr Gedankenbild wieder da. Eine ideale Projektionsfläche ist ein ähnlich denkendes Hirn.

Jeder einzelne ähnliche Gedanke, der auftaucht, verstärkt das betreffende Feld. Das erklärt den sogenannten Zeitgeist und die erstaunliche Tatsache, dass nicht nur Glühbirne, Auto und Flugzeug fast gleichzeitig auf beiden Seiten des Atlantiks erfunden wurden.

Es bedeutet auch, dass es eine gemeinsame Erinnerung gibt und ein ständig wachsendes Wissen, zu dem alle Menschen Zugang haben, je offener sie sind, desto leichter. Tatsächlich lernten alle Ratten im Großversuch all das plötzlich deutlich schneller, was irgendwo eine erste Ratte einmal begriffen hatte. (14) Es kann auch bedeuten, dass Sie auf Gedanken kommen, die nicht in Ihrem Hirn geboren wurden. Wer hätte nicht schon mal erlebt, gar nicht zu wissen, wie er auf DIE verrückte Idee gekommen ist. Wenn es Ihnen das nächste mal passiert, achten Sie auf die Menschen in Ihrer Umgebung. Vielleicht können Sie erkennen, wessen Gedanken sich gerade bei Ihnen eingeklinkt haben.

Wir wollen ja nicht vergessen, dass wir die ganze Zeit nicht nur Sender von Wellen sind, sondern viel mehr noch Empfänger. Ein enormer, überhaupt noch nicht erforschter Anteil der Wellen dieses Meeres in dem wir schwimmen, ist für uns existenziell wichtig, denn sowohl unser Körper als auch unser Geist haben sich perfekt auf dieses Wellenbad eingestellt, ja sie sind daraus geboren. Deshalb ist es nicht erstaunlich, dass sowohl einzelne Organe als auch der ganze Mensch als Antenne funktionieren. Mittlerweile wissen wir, dass die Doppelspirale unserer DNS neben vielem anderem eine wunderbare Antenne abgibt, die allerfeinst auf die Größe eines Photons eingestellt ist.(15) Das wird ja wohl kein Zufall sein.

Auch jede einzelne Zelle, viele Organe und der ganze Körper können als Antennen funktionieren und auf gewisse Schwingungen reagieren, deren Informationen lesen oder deren Energie weiterleiten. Hier eine Auswahl als Antennen geeigneter Organe: das Gehirn und das Nervensystem; Rückgrat, Brustkasten und Schädel; die Bindehäute; Leber, Lunge, Nieren; Zähne, Haut und Haare. Und der ganze Mensch, wie ihn Leonardo da Vinci gezeichnet hat, sowieso.

Vielleicht waren die Indianer nicht nur romantisch, wenn sie morgens die Sonne mit ausgebreiteten Armen begrüßten. Denn je besser uns "unsere" Schwingungen erreichen, desto besser funktionieren wir, desto besser fühlen wir uns, desto sicherer und gesunder sind wir. Je umfangreicher und komplexer der Körper ist, der als Antenne wirkt, desto längere Wellen kann er integrieren, desto weiter reichen seine Schwingungen. Zwei Indianer mit ausgebreiteten Armen können also mehr erfahren – oder bewirken - als einer, und ein Kreis von Indianern funktioniert ähnlich wie die modernsten Teleskope, bei denen auch mehrere weltweit verstreute Observatorien ihre Antennen koppeln, um eine weit höhere Leistung zu erzielen. Natürlich gilt das nicht nur für Indianer. Jedes vereinte Liebespaar kann neue Schwingungen erfahren, jedes gemeinsame Gebet reicht weiter, jeder Chor ist eine neue Klasse von Antenne, als Sender genau so wie als Empfänger.

Denn auf all den Frequenzen, auf denen wir empfangen, senden wir auch. Jeden Sender, der uns bestärkt, bestärken auch wir. Das ist ein Naturgeschenk, das für alle Beziehungen in allen Lebensformen gilt. Dass Nehmen gleichzeitig Geben ist, erklärt den Kraftzuwachs durch Vereinigung, der es möglich macht, dass immer wieder das neue Ganze mehr ist als die Summe seiner Teile. Das ist ein Schlüssel der Evolution. Nirgends können wir dieses Phänomen besser beobachten als beider körperlichen Liebe, in der zwei Menschen sich völlig verausgaben können, um sich dann besser und stärker zu fühlen als zuvor. Kaum etwas beschreibt die Liebe besser als diese Eigenschaft der Resonanz, dass Geben und Nehmen Eins sind.

Ohne Zweifel ist auch die Liebe eine Resonanzerscheinung. Sicher können wir nicht alle Aspekte der Liebe umfassend mit unserem und ihrem Wellencharakter erklären, aber wir müssen einsehen, dass unser Schwingen uns auf den richtigen Weg bringt und real jede Liebesbeziehung einleitet. Zumindest bei ihrer Entstehung ist die Liebe auch heute noch ein physikalisches Ereignis, ein kosmischer Überfluss, der uns zur Verfügung steht. Sie ist die Regel, nicht die seltene Ausnahme! Sie ist so selbstverständlich vorhanden wie die Luft zum Atmen. Und wie das Atmen eine natürliche Reaktion auf das Geschenk der Luft ist, nicht unbedingt große Kunst, so ist auch das Lieben nicht zuerst Kunst, sondern einfach das Annehmen des Geschenks der Liebe, Hingabe an das Leben.

9 Liebe und Wahrheit

Wahrheit kann man, wenn überhaupt,
nur in der Einfachheit finden.
(Isaac Newton)

Sicher haben auch Sie sich als Kind gewundert, warum die Frauen in der Bibel immer Kinder bekamen, nachdem ihr Gatte sie „erkannt" hatte. Ich dachte damals, dass die Priester sich schämten, das miteinander Schlafen zu erwähnen. Obwohl das gar nicht so falsch war, weiß ich heute, dass die Bibel nicht von Priestern geschrieben wurde. Sie wurde sogar von Leuten geschrieben, die nicht unter kirchlichem Einfluss groß geworden sind, denn sie wussten noch, dass miteinander Schlafen zu mehr taugt als nur zum Heldenzeugen. Wie recht sie hatten! Ganz sicher weiß jedermann mehr über eine Frau, die er gerade eine Nacht lang geliebt hat, als er nach wochenlangen gemeinsamen Besuchen von Restaurants, Kinos, Museen und Discos erfahren hat. Und jede Frau über einen Mann genau so. Wer sich dabei nicht ganz ungeschickt anstellt und ein bisschen Glück hat, weiß auch noch mehr über sich selbst, und wem es ihm gelingt, sich ganz hinzugeben, hat sogar die Chance, nicht nur seinen Partner sondern auch das eine oder andere universelle Prinzip plötzlich und unerwartet zu erkennen.

All die östlichen und fernöstlichen Lehrbücher der Liebe wie das Kamasutra, die bei uns lange Zeit vor den Jugendlichen als „Schweinkram" versteckt wurden, hatten die Erhebung des Menschen im Sinn. Aufzugeilen brauchten die Menschen dieser Kulturen sich nicht, sie waren lustvoll und sinnenfroh. Wenn ihnen die Liebe winkte, so folgten sie ihr. (16) Die Ekstase der Liebe war immer ein Weg zur Erkenntnis wie die Meditation. In ihr konnte der Mensch die Enge des eigenen Körpers verlassen und die Verzückung der kosmischen Einheit kennenlernen und genießen. Dieses Erlebnis der universellen Einheit kann für die Selbstsicherheit nur gut sein. Die liebenden Barbaren spürten sehr deutlich, dass sie ihrer körperlichen und seelischen Gesundheit einen Gefallen taten. Heute muss die Medizin erkennen, dass Prostataleiden und eine Menge anderer Beschwerden bei einem erfüllten Sexualleben im allgemeinen ausbleiben, und die Psychiatrie beschäftigt sich fast ausschließlich mit den Folgen nicht gelebter Lebens- und Liebeslust.

Jeder Einklang stärkt, der mit dem Universum wie der mit dem Partner, der mit den Arbeitskollegen wie der in der Familie. Und er stärkt alle Beteiligten. Zudem ist jedes Bad in gemeinsamen Schwingungen auch ein Bad in Information, und das schenkt wirkliches, weil selbst erfahrenes Wissen. Nach allem was wir über den Antennencharakter des Menschen zu ahnen beginnen, kann man sagen, dass er Organe zur Wahrnehmung der Wahrheit besitzt, ja, dass der ganze Mensch ein solches Organ ist. Wie ein Stier weiß auch jeder ungebrochene Mensch in jedem Moment, was er tun will oder zu tun hat. Dieses sichere Wissen bildet seine subjektive Wahrheit. Da dieses Wissen durch Einklang entsteht und aufrecht erhalten wird, beraubt man den Menschen seiner persönlichen Wahrheit, wenn man ihn am Einklang hindert. Wie aus dem Stier ein Ochse wird, so wird aus dem frei geborenen Menschen ein Untertan, ein Befehlsempfänger, einer von den Vielen, die „nur ihre Pflicht" tun. Doch das Leben ist in der Kür. Ochsen bleiben meist einfach stehen, wenn ihnen keiner sagt, was zu tun ist. Sie nehmen ihre vitalen Interessen nicht mehr wahr. Sie leben nicht, sie vegetieren. Die Kür haben sie vollständig vergessen.

Wilhelm Reich meint diesen Einklang, wenn er davon spricht, dass Wahrheit ein bioenergetischer Zustand ist, „der unmittelbare Kontakt eines Menschen mit sich selbst und seiner Umgebung". Deshalb ist auch Wahrheit immer eine Form von Vereinigung – man kann allenfalls an ihr teilhaben. Das ist nur bei völliger Offenheit zu erreichen, bei bedingungslos freiem Schwingen, bei totaler Hingabe. Dafür wird der Mensch geboren, für Hingabe und Erfüllung. Also ist nur der ein wahrhaft vollständiger Mensch, der an der Wahrheit teilhat. Deswegen wehren sich alle Kinder so verzweifelt, wenn sie spüren, dass ihnen die Wahrheit vorenthalten wird. Zu Recht müssen wir immer mehr Angst vor unseren Kindern haben. Ihr Hass wächst und blüht, weil sie ihre Wahrheit nicht erleben dürfen. Sie fühlen, dass ihnen das Leben geraubt wird.

Im Grunde machen wir mit den Kindern das Gleiche wie mit den Flüssen. Wir engen sie ein und zwingen sie auf einen geraden Weg, der nicht der ihre ist. Auch sie können nicht mehr frei schwingen und sich mit der Umgebung vereinen. Wir können zuschauen, wie das Leben aus ihnen verschwindet und die Umgebung verdörrt. Und dann sind wir - nicht nur bei den Flüssen - entsetzt, wenn es mal ein bisschen mehr regnet, und sie erinnern sich an das Ihre. Sie kehren nur in ihr wahres Bett zurück, sie haben ihre Wahrheit wiederentdeckt. Und die ist, dass sie zur Vereinigung mit der Landschaft und zu ihrer Befruchtung da sind, und um hin und wieder vor lauter Wonne über die Ufer zu treten, aber nicht um Transportkosten zu sparen oder Müll zu beseitigen und dafür ihr Leben zu lassen.

Auch unsere Kinder sind zur Vereinigung geschaffen. Die Wahrheit, die sie am schmerzlichsten vermissen, ist die Liebe. Auch die Liebe ist ein bioenergetischer Zustand, vermutlich fast der gleiche. Liebe und Wahrheit könnte man beide auch EIN-Verständnis nennen. Wenn ratlose Eltern sich in Büchern über die Pflege ihrer Kinder informieren müssen, dann ist das gutgemeinte und berechtigte Besorgnis, aber keine Liebe, selbst wenn es um das Wohlergehen des Sprösslings geht. Liebe wäre es, wenn die Mutter ihr Kleines direkt verstehen würde, auf bioenergetischer Ebene. Das kann schließlich jede Igelmutti. Heute nennt man das Empathie. Egal, wie man es nennt, für die Kleinen bricht die Welt zusammen, wenn sie merken, dass sie nicht verstanden werden. Nach einer Weile geben sie die Hoffnung auf und verlieren das Vertrauen in die Mutter, in sich selbst und in die bioenergetische Verständigung. Doch dann fangen sie glücklicherweise bald zu reden an, und die Eltern sind erleichtert. Endlich verstehen sie ihr Kind. Auch dieses Kind wird, wenn es groß ist, Bücher über Kinder kaufen müssen. Es wird die Wahrheit nicht erkennen können und auf das hören müssen, was man ihm sagt.

Doch Worte haben mit der Wahrheit wenig zu tun, selbst wenn man sich Mühe gibt, diese auszudrücken. „Ich liebe dich" sind nur Worte. Wahrheit und Liebe sind ein bioenergetischer Zustand, erlebtes Wissen. Zu verstehen, dass alles eins ist, bringt uns der Liebe wie der Wahrheit näher. Wer wirklich liebt, muss es erkennen, und wer es erkennt, muss lieben.

Wer sich aus dem All-Einen ausschließt, liebt nicht. Wenn er sich mit seiner Ehefrau ausschließt, kann es vielleicht recht angenehm sein, ist aber immer noch nicht die eine Liebe. Dann hat es eher mit alten Regeln über beweglichen Privatbesitz des Mannes zu tun oder bei emanzipierten Paaren mit wechselseitigem Privatbesitz. Denn weder die Wahrheit noch die Liebe kennen feste Grenzen, kanalisierte Schwingungen. Liebe kann nichts anderes sein als freie Liebe. Mein Liebster, meine Frau, meine Kinder –das sind nichts als Mastschweinchen, eingepfercht in viel zu enge Boxen.

Wenn der Begriff der „freien Liebe" heute Abscheu und Empörung hervorruft, ist das wirklich bemerkenswert. Wie darf man sich denn die gewünschte Liebe vorstellen? Gebunden, gefesselt, geknebelt, angekettet oder eingemauert? Mit gestutzten Flügeln oder lebendig begraben? Dass wir das hinnehmen, ist als Dressurakt so bemerkenswert wie durch Reifen springende Löwen oder, um ein aktuelleres Beispiel zu nehmen, wie Kühe, die tote Schafe fressen. Aber das tote Schaf ist nicht die Wahrheit der Kuh und die unfreie Liebe kann nicht unsere Wahrheit sein.

Da Liebe immer frei sein muss, ist es so absurd von freier Liebe zu sprechen wie von freier Schwerkraft. Die Liebe ist im ganzen Kosmos frei, was nicht frei ist, sind die Bürger. Sie empfinden die subjektive Wahrheit als bedrohlich, wenn sie von der offiziell verkündeten abweicht, und das tut sie per Definition. Wäre sie identisch, bräuchte nichts verkündet zu werden. Doch verordnete Wahrheit ist so absurd wie rezeptierte Gesundheit, wie Pressluft zum Atmen. Dennoch opfern ihr die Meisten die eigene Wahrheit, die einzig wirklich wahre. Aus Angst wird sie so tief vergraben, dass sie oft ganz vergessen wird. Im Prinzip ist sie – mit der Liebe – aus unserem Leben verbannt. Das muss so sein in einer Kultur, deren Fundament die Umkehrung natürlicher Verhältnisse ist. Selbstkontrolle ist zur gepriesenen Tugend geworden. Die Form zu wahren, den Anschein aufrecht zu erhalten, die Regeln nicht zu vergessen und die Grenzen nicht zu überschreiten – all das ist wichtiger geworden als Wahrheit und Liebe. Das Ergebnis ist unsere Als-ob-Gesellschaft, in der nichts mehr stimmt, in der kaum einer glaubt, was er weiß, und in der fast alle so tun, als merkten sie nichts. Wir versuchen, so zu tun, als ob wir stets glücklich und gesund wären; wir wollen aussehen, als ob wir immer Mittzwanziger wären; wir nennen uns Christen und wir geben uns Mühe, unser Lächeln liebevoll erscheinen zu lassen. Am liebsten würden wir es auch noch selbst glauben.

Die Wahrheit kann grausam und gefährlich sein. Wer sie stets unbedacht hinausposaunt, wird schnell Ärger bekommen, und wenn er sich nicht ändert, wahrscheinlich in der Klapse landen. Es ist gewiss oft sehr gut, die Form wahren zu können, aber es ist gar nicht gut, die eigene Wahrheit darüber zu vergessen. Es ist wichtig, dass Sie sich an Ihre spontanen Regungen erinnern, auch wenn die Situation nahelegt, diese erstmal für sich zu behalten. Machen Sie sich später klar, dass Ihnen eine Person unsympathisch war - oder auch sehr sympathisch. Fragen Sie sich, warum Sie plötzlich lieber gehen wollten, und wundern Sie sich, wenn eine verrückte Idee entstanden ist. Je mehr Sie ihre Regungen zur Kenntnis nehmen, desto deutlicher werden diese zu Ihnen sprechen. Hören Sie hin, das ist ein Hauch Ihrer Wahrheit.

Jedes Lebewesen wird mit einem eingebauten Kompass geboren, der ihm immer sagt, wo es lang geht. Schon ein Grashalm weiß vom ersten bis zum letzten Moment, was er zu tun hat. Jedes Wesen nimmt seine vitalen Bedürfnisse ununterbrochen wahr, und wenn es sie nicht erfüllen kann, fühlt es sich erst unwohl, später krank, schließlich verkümmert es. Doch wenn es kann, erfüllt es sie – weil jedes Wesen sich am liebsten wohl, gesund und stark fühlt. Dieser Drang ist ihm von seiner wohlwollenden Mutter Natur mitgegeben worden, die jedes Wesen voll erblühen lassen möchte. Wann immer dieses volle Erblühen ausbleibt, liegt ein Fehler vor, meist ein Mangel, manchmal ein Unfall, und heute meist sogar eine gewollte Verstümmelung, und das leider nicht mehr nur bei Rindertreibern.

Erstaunt stellen wir fest, dass der Krieg gegen die Liebe gar nicht so sehr der Liebe gilt wie der Erkenntnis. Die Liebe ist nur ein kolateraler Schaden im Krieg gegen die Wahrheit. Um uns an der Erkenntnis zu hindern, wird uns Christen die Liebe vergällt, genau wie den Mohammedanern, und den Juden zu allererst. Nicht umsonst haben wir den gleichen zornigen alten Mann als Gott. Als wir aus dem Paradies vertrieben wurden, waren wir alle noch Juden. Es sind die biblischen Religionen, deren Herrschaftsansprüche für die Umkehrung der Wahrheit, die Verhinderung des Einklangs und die Zerstörung des Menschen und der Natur unserer Welt verantwortlich sind. Schon wieder eine grausame Wahrheit.

Doch so schmerzlich die Wahrheit auch sein mag, nur wenn man ihr ins Gesicht schaut, hat man eine Chance. Am besten geht man auf sie zu. Wenn man vor ihr wegläuft, reagiert sie wie ein Hund, und man wird von hinten gebissen, wo es am meisten schmerzt. Außerdem läuft man vor der Liebe weg, die ja sehr eng mit der Wahrheit verbunden ist, und zudem haben Lügen kurze Beine. Auch dieser Spruch, den wir alle so gut kennen, ist eine manchmal grausame Wahrheit. Es gibt so viele davon, dass wir nur noch eine herauspicken wollen: Ohne Liebe herrscht nur Trauer.

10 Wo die Liebe anfängt

Die Liebe beginnt, wenn sich zwei Blicke begegnen.
(Sprichwort der Wodaabe)

Jeder Einklang beginnt mit EINEM Klang. Der kann gleiche Klänge verstärken oder gar auslösen. Schon haben wir zwei oder mehr Klänge im Einklang. So einfach ist Resonanz. Sobald eine Schwingung auf eine ähnliche trifft, oder auch nur auf ein ruhendes Element, das mit dieser Wellenlänge schwingen würde, gibt die Schwingung Energie in die ähnliche Welle oder in das ruhende Element, das mit zu schwingen beginnt. Das kennen wir von der bekannten Gitarre neben dem Klavier. Jede Saite erklingt, sobald ihr Ton getroffen wird, und in dem Moment regt auch sie die Klaviersaite an. Auch das hat die Resonanz mit der Liebe gemeinsam: Geben und Nehmen sind eins. Oder wie Jesus gesagt hat: gebet und es wird euch gegeben werden.

All unsere Gedanken rufen Schwingungen hervor, ähnliche Gedanken wahrscheinlich ähnliche Schwingungen. Wo immer in unserer Nähe jemand auftaucht, der ähnlich denkt und fühlt wie wir, regt uns das an, genau wie den anderen. Beide empfinden ihre Gefühle und Gedanken bestärkt. Ist jemand voller Hass, so wird er hasserfüllte Menschen anziehen. Auch das ist eine uralte Weisheit: Wer Hass sät, wird Hass ernten. Natürlich gilt das auch für die Liebe. Wer Liebe gibt, wird Liebe empfangen.

Eine wahre Unzahl von Sprichwörtern beweist, dass dieses Wissen uralt ist. Aber heute muss ja alles bewiesen werden, damit es ernstgenommen wird. Schade, dass wir das mit dem Wissen unserer Ahnen nicht mehr tun können. Vieles wäre einfach sonnenklar. Hier eine kleine Auswahl:

Einigkeit macht stark.

Gleich und Gleich gesellt sich gern.

Wie man in den Wald hineinruft, so schallt es heraus.

Er wird die Geister nicht los, die er gerufen hat.

Wenn man vom Teufel spricht, dann kommt er.

Wer andern eine Grube gräbt, fällt selbst hinein.

Wer Wind sät, wird Sturm ernten.

Was du nicht willst, das man dir tu, das füg' auch keinem andern zu.

Wie du mir, so ich dir.

All diese Sprüche beschreiben klar und einfach, was die Wissenschaft gerade wieder nachgewiesen hat und Resonanz oder Kohärenz nennt. Für uns ist besonders interessant, dass man den letzten Spruch auch umdrehen kann: wie ich dir, so du mir. Für die Resonanz ist beides das Gleiche. Aber uns zeigt es, wie wir relativ einfach auf den Anderen einwirken können. Vor allem zeigt es uns, dass wir die Liebe nicht suchen müssen, nicht hinter ihr herlaufen, weder auf sie hoffen noch warten, nicht um sie ringen und schon gar nicht um sie flehen – wir müssen nur lieben. Wenn wir Liebe geben, wird uns Liebe begegnen; wenn wir uns hingeben, wird uns die Liebe umarmen und verwöhnen.

Falls Ihnen das zu simpel erscheint, schlage ich Ihnen einen kleinen Versuch vor, der Sie überraschen wird, wenn Sie ihn ernst nehmen und sich Mühe geben. Wer ist der Mensch, mit dem Sie im Augenblick den meisten Ärger haben? An wen denken Sie voller Wut? Entscheiden Sie sich für eine Person und versuchen Sie, in der nächsten Zeit liebevolle Gedanken an diese zu entwickeln. Das wird zuerst nicht einfach sein. Stellen Sie sich „Ihren Feind" lachend vor, im Spiel mit seinen Kindern, bei einer fürsorglichen Geste; stellen Sie sich vor, wie Sie ihn in den Arm nehmen, wie Sie ihn trösten, wie Sie mit ihm lachend über eine sonnige Wiese laufen. Wünschen Sie ihm Glück, denken Sie voll Wärme an ihn.

Wenn Sie sich ernsthaft bemühen und das Verhalten der betreffenden Person sich nach ein paar Monaten nicht geändert hat, dürfen Sie überall rumerzählen, dass dieses Buch ein Schmarren ist und sein Autor ein durchgeknallter Spinner. Falls sich etwas tut, dürfen Sie uns weiterempfehlen.

Je mehr liebevolle Gedanken sie ausstrahlen, desto mehr liebevolle Gedanken werden auf Sie zukommen. So unglaublich einfach ist die Liebe. Leider wird immer weniger liebevoll gedacht. Das ist nicht einmal böse Absicht, das ist reine Not. Liebesunfähigkeit ist eine Volkskrankheit geworden, die Wilhelm Reich richtig „Resonanztod" nennt. Ein Mensch mit einem angstvoll verkrampften Herzen kann genau so wenig die Liebe fließen lassen wie ein an den Armen Amputierter Handzeichen geben kann. Er ist nicht fähig, sich der anbrandenden Liebe hinzugeben. Selbst wenn die Liebe allgegenwärtig ist, kann nur ein offenes Herz an ihr teilhaben. In unserem Leben beginnt die Liebe, wenn wir unser Herz öffnen. Genauer müsste man sagen, dass sie wieder beginnt, wenn wir unser Herz wieder öffnen, denn wir alle sind mit einem liebenden Herzen geboren worden, offen für alles.

Reich berichtet von Patienten, die sich in der Therapie an ihre frühe Kindheit erinnerten, als ihr Ganzheitsempfinden noch nicht zerstört war, und „ergriffen und erschüttert berichteten, wie sie als Kleinkinder sich einheitlich mit der Natur, mit allem, was sie umgab, empfunden, wie sie sich `lebendig´ gefühlt haben...". Er nannte diesen Verlust „Erkalten" und sagt weiter, dass dieses Erkalten anfangs immer als Totwerden, Eingepanzert- oder Eingemauertwerden erlebt wird.(17) Diese Katastrophe ersetzt beim Menschen die blutige Kastration, die aus dem Stier einen stumpfen Ochsen macht. Dem Menschen wird nichts abgeschnitten – ER schneidet sich ab von der Kraft, die die Sonne bewegt und all die anderen Sterne.

Unser armes Herz ist eingesperrt, aber es ist noch da. Die unermessliche Kraft ist auch noch da. Wem es gelingt, sein Herz zu öffnen, den muss die Liebe erfassen, wie die Schwerkraft den erfasst, der aus dem Fenster springt. Selbst wenn niemand einen alten Baum aufrichten kann, der einmal schief gewachsen ist, wird auch ein schiefer alter Baum mehr Freude am Leben haben, wenn das Hindernis beseitigt wird, das ihn schief zu wachsen zwang. Er wird schöner werden und einem stattlichen Baum so viel ähnlicher, wie er kann. Doch selbst wenn niemand auf die Wiederherstellung seiner vollständigen, ursprünglichen Liebesfähigkeit hoffen darf, öffnet jede warme Brise das Herz ein klein wenig, und durch den winzigen Riss dringt mehr warme Luft ein, der Riss wird zum Spalt, und irgendwann ist das Herz freier. Alt und schief gewachsen vielleicht, aber endlich frei, wie ein Herz zu sein. Und das Herz ist im Meer der Liebe, was die Qualle im salzigen Ozean ist: ganz und gar Eins.

Es gibt eine Vielzahl von Therapien, deren Ziel es ist, die Energie wieder freier durch unseren Körper fließen zu lassen, und nicht nur durch das Herz. Es gibt Yoga und Meditation, die uns helfen, unsere Verbindung mit dem Kosmos wieder zu entdecken. Es gibt sogar Momente außerordentlichen Glücks oder Unglücks, in denen wir plötzlich und unvermittelt der Wahrheit gegenüber stehen können. Aber die geschehen immer unerwartet, es hat also keinen Sinn, darauf zu hoffen. Sinnvoll ist, sich Zeit für sich selbst zu nehmen, in sich hineinzuhorchen, die Regungen seines kosmisch verbundenen Zentrums wahrzunehmen, sie zu beachten, und diese wieder gefundene Verbindung zu hegen und zu pflegen. Machen Sie mit ihrem Innersten das Gleiche wie mit der oben erwähnten Person, die Ihnen Ärger macht: versuchen Sie, soviel Liebe hinein zu schicken wie möglich. Streicheln Sie Ihr Herz in Gedanken, seien Sie stolz auf Ihr vitales Zentrum, das einen direkten Draht zu Gott hat, oder zu seiner Schöpfung, ganz, wie Sie das sehen. Lieben Sie Ihren Bauch und Ihre Eingeweide. Erinnern Sie sich, dass Sie ein göttliches Selbstbildnis sind, oder, wenn Sie das lieber hören, ein Spitzenprodukt der Millionen von Jahren andauernden Evolution. Sie haben allen Grund, stolz auf sich zu sein. Lieben Sie sich selbst! Das ist unerlässlich, um seinen Nächsten lieben zu können wie sich selbst. Es ist auch unerlässlich, um die Liebe des Nächsten annehmen zu können. Wie soll sich jemand der Liebe eines Anderen für würdig halten, wenn er sich selbst nicht achtet und liebt! Alle Beziehungen spiegeln die Beziehung wieder, die man zu sich selbst hat.

Die Erlösung kann sogar von innen kommen. Wir könnten ihr unser Herz öffnen, sie wartet nur darauf. Wenn wir es nicht tun, kann sie nie eintreten. Die Resonanz gibt allen Gutwilligen sogar Zeichen, wann es Zeit ist, alles auf zu machen und hingabebereit zu sein. Jeder hat wohl schon erlebt, dass sein Herz bei einer unerwarteten Begegnung einen überraschten Freudensprung macht. Den gleichen Freudensprung macht das Herz der anderen Person in diesem Augenblick auch. Das ist der Moment, in dem uns die Liebe winkt. Wir sollten ihr folgen, so weit sie uns führt, wenn wir sie kennenlernen wollen. Und wir brauchen keine Angst zu haben, uns lächerlich zu machen, denn wir haben die stärkste Kraft des Universums auf unserer Seite. Das Ineinanderpassen zweier Schwingungen ist der Beginn der Kohärenz, der gleichzeitige Freudensprung zweier Herzen ist die kleinste Einheit von Liebe, ein Quant Liebe sozusagen.

Es gibt allerdings eine leider weit verbreitete Ausnahme von dieser Regel. Wenn Sie – wie nicht nur Romeo – schon länger wie besessen auf die große Liebe warten, wenn Sie an nichts anderes denken, wenn Ihr Herz Freudensprünge macht, sobald sich die Türklinke bewegt, dann ist es nicht die Liebe die Ihnen winkt, sondern Ihr eigener Wahn. Dann sind Sie ein schwerer Fall und machen so gut wie alles falsch. Ohne Hilfe haben Sie kaum eine Chance, Ihre Krankheit zu überwinden. Während die Liebe Kraft, Gesundheit und Leben schenkt, ist der Liebeswahn eine Krankheit, die zum Tode führt. Nur wenn Sie wirklich gelassen und entspannt waren, als der Freudenhüpfer Ihres Herzens kam, dürfen Sie Vertrauen zu ihm – zu sich selbst – haben. Wenn Sie selten oder nie gelassen und entspannt sind, sollten Sie sich schleunigst nach einer Therapie umsehen, weil Sie sonst jedesmal in die Irre rennen, wenn sie meinen, der Liebe zu folgen, die Ihnen schon wieder gewunken hat. Selbst wenn Ihnen die Liebe nicht sofort begegnen sollte, wird es sie erleichtern und lockern. Sie werden weitergehen wollen.

Doch am Anfang steht das Vergessen des Liebeswahns, um frei zu sein für eine Reise ins eigene Innere, für die Suche nach unserem Mittelpunkt und den Aufbau einer ersten zarten Liebesbeziehung zu diesem, unserem eigenen Zentrum. Hat dieses die Liebe erst einmal gespürt, wird es sie immer wiedererkennen. Ein zweites Mal wird niemand die Liebe vergessen, wenn sie ihn erneut berührt hat.

11 Die körperliche Liebe

Sie machen aus Sex ein Problem,
weil Ihnen die Liebe fehlt.
(Krishnamurti)

Das Leben ist immer, wo die Liebe ist. Wenn es nicht Gott war, der Liebesakt und Vermehrung aneinander gekoppelt hat, beweist der Erfolg dieser dann rein zufällig aufgetauchten Verkoppelung, dass sie besser für das Leben und seine Evolution sorgte als alles, was es bis dahin gegeben hatte. Dass die Natur das in ihrem Sinne richtige Verhalten, also jenes, welches das Leben stärkt, mit Wohlbefinden belohnt, um die Lebewesen zu diesem anzuregen, sehen wir überall. Dieses Prinzip hatte sich wohl schon bewährt, bevor die Vermehrung durch geschlechtliche Vereinigung auftauchte. Oder es hat sich seitdem gründlich durchgesetzt, denn immer wenn irgendein Wesen seine vitalen Bedürfnisse befriedigen kann, fühlt es sich danach sehr wohl; kann es das nicht, leidet es mehr und mehr. Wir können das an jedem Säugling beobachten. Sobald er ein Bedürfnis verspürt, meldet er sich, und wenn das Unwohlsein andauert, fängt er verzweifelt an zu schreien. Weil er noch weiß, dass er sich rundum wohl fühlen sollte, solange alles seinen guten Gang geht. Und er irrt sich nicht. NUR die vegetative Lustempfindung, einzig und allein die körperliche Lust, bewirkt eine Steigerung der bioelektrischen Ladung, also mehr Schaffenskraft und Lebenslust. Das bedeutet, dass es kaum etwas Gesunderes gibt als körperliches Wohlgefühl. Nicht nur für dieses Kapitel ist das eine wichtige Erkenntnis.

Unseren eingebauten Kompass hat uns Mutter Natur mitgegeben, damit wir immer wissen, wo es lang geht. Wir besitzen ihn nicht nur für Hunger, Durst, Frieren und ähnliche körperliche Notwendigkeiten, sondern auch für seelische und geistige Bedürfnisse. Jedesmal, wenn wir uns sehr wohl fühlen, ist uns etwas Gutes geschehen, und im Allgemeinen für Körper, Geist und Seele gleichzeitig. Sollte sich jemand allerdings sehr wohl und am nächsten Tag ganz übel fühlen, dann war er auf einem völlig falschen Dampfer. Er hat das mit dem Wohlfühlen viel zu kurzfristig verstanden und einen bösen Fehler begangen. Er hat sich gar keinen Gefallen getan. Auf seinen Kompass ist schon kein Verlass mehr.

Das heißt, dass wir zuerst wieder Verbindung mit unserem Zentrum aufnehmen müssen, um den Kompass überhaupt wahrzunehmen – ich wiederhole: wahr zu nehmen.

Es liegt nicht am Kompass, es liegt an unserer Wahrnehmung. Neurotiker etwa empfinden jeden Ausschlag des Kompass als Alarmsignal und versuchen alles, ihn nicht wahrzunehmen. Natürlich machen sie dann das Falsche.

Wir besitzen tatsächlich ein Organ für Selbstsicherheit. Dieses arbeitet schon, bevor wir überhaupt ahnen, wer wir sind, bevor wir uns Ich nennen und lange bevor wir über Geist und Seele nachdenken können. Bis dahin hat es das meist sehr gut gemacht, sonst hätten wir es ja gar nicht bis ans Licht der Welt geschafft. Dass wir von da an zunehmend auf die Finger oder aufs Maul kriegen, wenn wir unsere vitalen Bedürfnisse zu befriedigen versuchen, ist die Ursache der meisten unserer Probleme.

Das ist im genetischen Programm des Kindes nicht eingebaut, damit kann es nicht rechnen. Irgendwann haben die Meisten aufgegeben und den Kompass, der so viele Probleme verursachte, einfach abgestellt, so gut es ging – den Fremden abgespalten, wie Gruen es nennt. Er sagt, dass es im ersten Lebensjahr passiert, weil es da am einfachsten zu erreichen und am dauerhaftesten wirksam ist. Dennoch wird es immer dramatischer, je älter wir werden. Das sogenannte Trotzalter, das es in vielen anderen Kulturen gar nicht gibt, ist schon eine Art von Kriegszustand, aber ganz schrecklich wird es, wenn der Sexualtrieb erwachsen werden möchte und der Kompass ständig in die verbotene Richtung drängt. In dieser Phase weist das Leben ALLEN Lebewesen die gleiche Richtung. Es tut dies, um die Heranwachsenden auf den richtigen Weg zu schicken. Und es weist sehr beharrlich dort hin. Ohne jeden Zweifel wünscht die Natur, dass die Jugend die körperliche Liebe wesentlich früher und sehr viel intensiver kennenlernen sollte, als uns und unserer Kultur das lieb ist.

Das fühlt die Jugend deutlich und schmerzlich. Das ist schon der halbe Generationskonflikt. Im Prinzip ist klar, dass die Jugend und die Natur recht haben. Wenn ein Verhalten mit so außerordentlichem Wohlgefühl belohnt wird, muss es für das Leben besonders wichtig sein. Wir berauben also tatsächlich unsere Kinder um etwas besonders Lebenswichtiges, wenn wir sie an dieser Stelle in ihrer Entwicklung behindern; wir berauben sie der Erkenntnis des anderen Geschlechts, der Vereinigung, der kosmischen Einheit und nicht zuletzt der Selbsterkenntnis. Wir berauben Jungen wie Mädchen, also die Männer und Frauen der Zukunft, wir berauben das Leben wie die Liebe, den Kosmos wie uns selbst.

Schauen wir uns das verlorene Glück, dessen vergangener Existenz und zukünftiger Möglichkeit wir uns gar nicht mehr bewusst sind, doch einmal vorurteilsfrei an. Lange bevor im frei und natürlich Heranwachsenden die Lust zur wirklichen geschlechtlichen Vereinigung erwacht, lässt ihn die Sehnsucht die Nähe des anderen Geschlechts suchen, um zuerst spielerisch, irgendwann ernsthafter das andere Geschlecht und dadurch auch sein eigenes vorsichtig zu erforschen, Zärtlichkeit zu üben, und die eigene Lust wie die des Partners kennenzulernen und behutsam wachsen zu lassen. Wenn der genitale Trieb erwacht, hat dieser junge Mensch alles über das verstanden, was wir heute zum Vorspiel herabwürdigen. Er weiß seine und seines Partners Lust zusammen wachsen zu lassen. Er kennt den Weg, aber noch nicht das Ziel. Er genießt den Weg und sucht nicht nach Abkürzungen, er ist neugieriger denn je und er hat weder Angst noch Eile. Beide haben weder Angst noch Eile. Das ist unmöglich, wenn ihnen die Lehrjahre verweigert werden und sie sich dann ahnungslos oder schlecht informiert gegenüberstehen. Ganz schlimm wird es, wenn die Vorstellung vom Liebesakt inzwischen zur grotesken Zwangsvorstellung geworden ist.

Die Vorstellung ist die vom Eindringen des harten Gliedes in die feuchte Grotte, die vom Rein-und-Raus-Spiel. Wahrscheinlich die meistgemalte, gezeichnete, fotografierte und geträumte Selbstverständlichkeit unserer Geschichte. Zumindest, seit sie das nicht mehr ist. Wenn ich nicht ganz falsch informiert bin, werden über 85% alles im Internet verdienten Geldes für diese eine Vorstellung ausgegeben. Wenn wir dann noch das Geld dazurechnen, das mit der Herbeiführung des Aktes selbst oder seiner Vortäuschung verdient wird, also mit Brautwerbung und Aussteuer, Prostitution und Telefonsex, dann stehen wir vor dem größten Wirtschaftszweig überhaupt. Das hatten die Wilden gratis. Weil die Kinder zugucken und nachspielen durften. Aus einer natürlichen Sehnsucht, einem vitalen Bedürfnis, das wie der Durst aus zahllosen klaren Quellen gestillt werden sollte, hat man das größte Geschäft überhaupt gemacht. Zufriedene, glückliche Menschen wären für so etwas wie Konsumismus überhaupt nicht zu haben. Das beweist doch klar, wie existenziell wichtig die körperliche Vereinigung für den Menschen ist, oder fürs Geschäft die Nichtvereinigung.

Bleiben wir bei den beiden ideal aufgewachsenen jungen Leuten, die diese Erfahrung gerade zum ersten Mal erleben dürfen. Ausgeschlossen, dass sich der junge Mann wie in einem schlechten Pornofilm verhalten und rüde verlangen würde: "Blas ihn an!" Der Jüngling würde erst ans Eindringen denken, wenn „er" es fordern würde. Er würde, beim ersten Mal ganz gewiss tastend, fragend, vorsichtig und unendlich neugierig eindringen, und dann vor allem fühlen, fühlen und nochmal fühlen. Auf diese Art ergibt sich der Rest von selbst, und der Rest kann gewaltig sein. Da beide es als schön empfunden haben dürften, gibt es nicht den geringsten Grund für unseren Jüngling, beim nächsten, übernächsten und beim hundertsten Mal etwas grundsätzlich anders zu machen. Immer wird die leibliche Liebe für ihn zu allererst Fühlen sein, voller Vertrauen Geschehen lassen, sich überraschen lassen, und das alles im Einklang.

Jetzt kommen wir langsam zum Thema. Es wird ja hoffentlich niemand vergessen haben, dass Schwingung, Resonanz und Kohärenz Werkzeuge der Liebe sind. Nirgends ist das augenfälliger als beim Liebesakt. Wir hatten auch die Antennenqualität einzelner Organe erwähnt. Nirgends wird das deutlicher als in der körperlichen Liebe. Ja, Manni, schau ihn Dir an. Du hast da ein wunderbares Empfangsgerät an dir baumeln, eine ausfahrbare Antenne. Die kann auch senden, aber das macht sie sowieso und ganz alleine, das darfst du ihr überlassen. Du solltest Dich bemühen, den Empfang wahrzunehmen.

Wo wir schon mal dabei sind, Manni, und weil dies ja das Sexkapitel des Buches ist, will ich hier einen ganz heißen Tipp geben für ein unvergessliches Sex-Erlebnis. Zuerst einmal: vergiss, dass Du der Macher bist, und vergiss den ganzen anderen Mist, den Du über Sex schon zu wissen glaubst. Vergiss vor allem, dass es ums Abspritzen geht. Stell Dir vor, es sei das erste Mal und Du hättest nicht die geringste Ahnung. Dann solltest Du vorher nicht so viel trinken wie sonst und ein bisschen lieb zu ihr sein, damit sie auch ein bisschen lieb zu Dir sein kann. Und wenn es dann so weit ist, dass beide es nicht länger abwarten können, dann denk an die Antenne und bemüh Dich von da an, vor allem auf die Sendung zu horchen, die da für Dich aus ihrem Leib kommt. Schieb ihn also ganz vorsichtig rein, nur ein klein wenig – und dann horch erstmal tief in Dich hinein. Und dann noch ein wenig tiefer und wieder horchen. Die Antenne langsam und genau in die optimale Position bringen und in aller Ruhe die himmlischen Gesänge anhören, das ist alles, Mann! Den Rest, Mann, kann jede Zelle Deines Körpers besser als Du, auch da brauchst Du Dir keine Mühe zu geben. Und wenn du wirklich nichts machst, sondern alles zulässt, passt es hinterher auch noch genau zur Musik, und dann begreifst Du, dass Du bei den Engeln mitsingen durftest. Du wirst nie wieder nageln, stechen, stoßen, knallen oder bumsen wollen, Mann.

Die Ähnlichkeit vom Glied in der Scheide mit dem Aufbau von Elektromagneten, Dynamos, Elektromotoren und Ähnlichem ist schon auffällig. Auch Atomreaktoren werden erst aktiv, wenn der Brennstab eingeführt wird. Es handelt sich also um eine sehr effektive Formgebung zum Austausch und zur Umwandlung von Energie, die in ihrer subtilsten Erscheinungsform als Information daherkommt. Dann kann man sie auch Erkenntnis nennen. Deshalb „erkannten" die Männer früher ihre Frauen – und umgekehrt, keine Frage.

Energetisch gesehen, ist ein liebendes Paar sicherlich eine starke und auffällige Kraftquelle, so etwas wie ein Doppelstern in der Astronomie. Selbstverständlich regt es die Umgebung an, was sich tatsächlich in verstärktem Wachstum der Pflanzen in der Umgebung der Liebenden äußert. Deswegen feierte man früher am Tag der Aussaat Orgien auf den Feldern. Auch die Schwingungen der Liebenden passen sich ihrerseits an die im Umfeld vorhandenen Schwingungen an und können zusätzliche Kraft und Information aus ihnen schöpfen. Beide stärken dadurch auch die eigene Schwingung. Daher können Liebende sich bis zur Erschöpfung verausgaben und fühlen sich kurz darauf wie neugeboren, voller Kraft, Lust und Leben. Mehrere liebende Paare könnten sogar ein stabiles, kraftvolles Feld entstehen lassen, das wiederum andere Paare anregen würde, das Feld würde noch stärker, noch heftiger anziehen, und irgendwann regierte wieder die allgemeine Liebe – das wäre ein neuer Garten Eden.

Davon sind wir ziemlich weit entfernt. Die meisten Paare lieben sich nicht einmal bei der körperlichen Liebe. Wie viele Paare kennen Sie, denen morgens das Entzücken aus den Augen leuchtet, weil sie nachts den Engeln lauschen durften? Was wissen wir von Liebe? Was durften wir lernen, was lassen wir unsere Kinder lernen? Wo haben wir das gelernt, was wir trotzdem zu wissen meinen, wo lernen es die Kinder? Kaum eines hat die Chance, wirklich etwas über die Liebe zu lernen, und nicht eines hat die Chance, der Pornographie auszuweichen, die gar nicht viel mit körperlicher Liebe zu tun hat, sondern wohl eher eine Erscheinungsform des Hasses und der Zerstörungswut ist. Die Pornographie wurde fast überall legalisiert, die körperliche Liebe bleibt weiterhin geächtet. So sind die Kinder gezwungen, ihren natürlichen und guten Wissensdrang dort zu stillen, wo sie können. Für die schon von den Schimpansen bekannte Notwendigkeit, zuschauend lernen zu können, steht ihnen ein riesiges Angebot an retuschierten Bildern zur Verfügung, auf denen schlechte Schauspieler Leistungssport vorführen und sich im Allgemeinen ekelhaft benehmen. Darüber hinaus werden die Heranwachsenden noch notdürftig über Verhütung aufgeklärt, und das ist es. Von Liebe wird nie gesprochen, weder von ihrer süßen Wonne noch von ihrer himmlischen Kraft. Statt dessen ganz bestimmt von ihren schrecklichen Folgen. Und das alles im Namen eines Heilands, der nie ein schlechtes Wort drüber verloren hat, aber immer sehr lieb zu seiner Maria-Magdalena gewesen sein soll.

Mit Resonanz, mit Einklang hat unsere Vorstellung von der physischen Liebe gar nichts zu tun. Austausch von Energie und Wissen, Synchronisation von Empfindungen, Senden und Empfangen gehören nicht in unser Bild vom Sex. Den Frauen ist natürlich klar, dass sie empfangen, aber auch sie denken da nur an Eiweiß und künftige Helden. Das Wissen, dass gerade bei der innigsten Kommunikation ein Außenstehender meist gar nichts bemerkt, ist uns verloren gegangen. Wir müssen zeigen, dass wir lieben; wir müssen machen, damit wir selbst glauben. Was wir uns nicht beweisen, glauben wir nicht. Unser Bild von Liebe stammt eindeutig aus der frühindustriellen Zeit. Da wird unermüdlich gepumpt, gehämmert, genagelt und gestoßen. Unserer Vorstellung von einem guten Liebhaber entspricht am ehesten eine Dampfmaschine mit ihrem nimmermüden Kolben. Den Männern kann ich nur empfehlen, sich auch mal als das kleine

Mädchen im schönen Märchen „Sterntaler" zu sehen, wenn sie an die Liebe denken, denn die Liebe will sie genau so beschenken wie jenes kleine Mädchen. Sie müssen die Liebe allerdings dazukommen lassen.

Wahrscheinlich ist die traurige Wahrheit, dass die meisten verzweifelt rammeln und hämmern müssen, damit sie wenigstens ETWAS fühlen. Sie hatten nie eine Chance, es anders zu lernen. Gerade bei der körperlichen Liebe bestimmen nur Äußerlichkeiten unser Bild, die viel entscheidenderen, gewaltigen innerlichen Vorgänge werden verschwiegen. Die ganze Pornographie in jeder Erscheinungsform, die ganze Prostitution eingeschlossen – diese gigantische Scheinwelt hat mit lebendiger Sexualität so viel zu tun wie ein entsetzlicher Hustenanfall mit gesunder Atmung. Sie ist eine furchterregende Krankheitserscheinung. Sie konnte nur so gigantisch werden, weil wir aus dem Einklang herausgefallen sind, weil wir nichts mehr sicher wissen und kaum etwas wirklich fühlen.

Dass es in unserer Gesellschaft normal ist, so zu tun, als ob, sehen wir beim Liebesakt geradezu gnadenlos deutlich. Unsere Art, uns körperlich zu lieben, ist die Imitation der unwillkürlichen Zuckungen, mit denen sich der Orgasmus ankündigt. Wir versuchen von Anfang an das zu tun, was der Körper zum Ende hin ganz alleine tut, selbst dann, wenn wir es nicht wollten. Da es beim langen innigen Liebesspiel vorher nicht viel zu beobachten gibt, ahmen wir das Einzige nach, was man sehen kann und es sieht aus wie beim Pferderennen, aber wir wundern uns trotzdem, dass wir zu früh ankommen. Der eigentliche Akt der Liebe, der Austausch, das Erkennen, die Anpassung und der Einklang, all das findet gar nicht statt. Auch der beiderseitige Kraftgewinn bleibt meistens aus. Wir lieben wie wir reisen: ein Flugzeug bringt uns in das ferne Land, dort liegen wir ein paar Tage in der Sonne und dann steigen wir wieder in den Flieger, und schon da ist alles vorbei. Die ganze lange Reise durch die schöne weite Welt ersetzen wir durch die ungeliebte Routine eines langweiligen Charterfluges. Wie die Charterflieger sind wir meistens nur müde, wenn wir angekommen sind. Es ist zwar jeder Orgasmus ein Moment der Wahrheit, aber leider ist nicht jede Ejakulation ein Orgasmus.

Wenn schon die Süße und die Fülle der voll Hingabe genossenen körperlichen Vereinigung ein himmlisches Geschenk an den Menschen sind, reine Wonne und beglückendes Einverständnis, eine der gesundesten Kuren, die es für ihn gibt; wenn schon die bloße Berührung den ganzen Körper so belebt, dass ihn prickelnde Schauer durchströmen und das Herz vor Freude überfließt; wenn jede Zelle an dem Glückserlebnis teilhaben darf und wir uns stark und sicher fühlen; wenn wir also allen Grund haben, voller Dankbarkeit die körperliche Liebe zu genießen, zu loben und zu preisen – was sollen wir da erst über den Orgasmus sagen. Der Orgasmus ist eine naturgegebene Möglichkeit spirituellen Erlebens, authentischer Selbsterfahrung, echter Erkenntnis.

Der Orgasmus kann auch ein Lichterlebnis sein. Dass es vor allem darum geht, die Sende- und Empfangsgeräte in die optimale Position zu bringen, hatten wir ja schon erwähnt. Wenn man das sanft und neugierig fühlend macht, kann man im besten Fall ein kleines, leicht bläuliches, helles inneres Licht bemerken, etwas über dem Schambein. Mit Glück bemerkt man dann noch ein weiteres Licht, das des Partners. Die optimale Position ist wirklich erreicht, wenn wir die beiden Lichter über einander und zum Verschmelzen bringen. In dem Moment wird das innere Licht zur Wunderkerze, die im Rückenmark nach oben abbrennt und nacheinander alle Chakren zum Leuchten bringt. Nie sind wir vitaler, nie gesunder, nie von mehr Lebenskraft und Lebenslust durchdrungen.

Beim Orgasmus verlassen wir den engen Käfig unseres Körpers, wir treten über die Grenzen unseres Bewusstseins hinaus und können die kosmische Einheit erleben, das absolute Einverständnis, den allumfassenden Einklang. Gott lädt uns sozusagen zu Besuch im Himmel ein. Atheisten lässt er den leeren Thron bewundern. Und alle dürfen an seiner Tankstelle gratis volltanken.

Sicher ist die leibliche Liebe nicht die ganze Liebe, aber sie gehört genau so sicher dazu, und sie ist auf jeden Fall der natürlichste, erste und beste Weg, die ganze Liebe kennenzulernen. Nach nur einer Nacht voller Liebe kennen wir einen Menschen wesentlich besser als nach wochenlangen gemeinsamen Spaziergängen und langen Gesprächen. Es gibt nur EINE Liebe. Die körperliche Liebe ist einer ihrer Grundsteine, so wie unser Körper die Basis all unseres Denkens, Fühlens und Tuns ist. Wenn wir die physische Liebe verneinen, so wie der heilige Simon seinen Leib verneint hat, passiert unserer Liebe das Gleiche wie Simons Leib: sie fängt an zu faulen und zu stinken.

Alle Therapien für kranke Seelen beinhalten auch die Heilung und Kräftigung des Körpers. Schließlich ist das freie Fließen der Energie ein körperliches Geschehen, und deshalb heißt es, dass ein gesunder Geist in einem gesunden Körper wohnt. Eine Therapie der Wiederbelebung der Liebe wird zum grotesken Irrweg, wenn sie die verspätete Entdeckung des leiblichen Einklangs ausschließt. Denn es führt kein Weg direkter ins Himmelreich der Liebe als die körperliche Hingabe. Zwei Menschen, die einmal gemeinsam an die Pforten des Paradieses gelangt sind und einen Blick hinein werfen durften, werden von einer solchen Woge von Dankbarkeit, Kraft, Glück und Zuversicht erfasst, wenn sie zu EINEM Leib verschmelzen, dass fortan jeder einen Teil des anderen in sich trägt und keiner das genossene grenzenlose gegenseitige Vertrauen je vergessen wird. Wer das erleben durfte, bezweifelt nicht, dass ihn die Liebe erfasst hat. Und wenn ihm jemand etwas anderes erzählen will, wird ihm das egal sein, denn wenn das, was ihm widerfahren ist, nicht Liebe sein sollte, dann ist es noch was Besseres.

12 Lieben und Teilen

Einen Großteil ihrer Katastrophen verdankt die Menschheit
dem Ersten, der ein Stück Land einzäunte
und sagte:„Das ist meins!"
(Jean Jacques Rousseau)

Da die beiden Wörter, die diesem Kapitel seinen Namen geben, zwei- oder mehrdeutig sind, müssen wir zu Beginn klarstellen, von welcher Liebe und von welchem Teilen die Rede sein soll. Man kann teilen, um zu herrschen, das heißt Zusammengehöriges auseinander reißen, um es zu schwächen – und man kann das Seine teilen, um teilhaben zu lassen, um hinzugeben, das heißt Zusammenhang schaffen und stärken. Hier soll vom gebenden, kräftigenden Teilen die Rede sein.

Man kann vieles lieben, Milchbrötchen zum Beispiel, Goldschmuck und sein neues Auto, ja man kann sogar seine Frau und seine Kinder wie Milchbrötchen und Autos lieben. Aber dann liebt man nur die eigene Ausstattung, die nie prächtig genug sein kann, da man sich selbst erst durch sie wahrnimmt. Man muss zeigen, dass man wer ist, weil man sich selbst so wenig liebt, dass man es noch gar nicht gemerkt hat. Damit macht man Frau und Kinder zu Mastschweinchen, eingepfercht in kleine Boxen. Selbstverständlich werden wir dieses fehlende Selbstvertrauen hier nicht Liebe nennen. Hier ist die Liebe zum Nächsten wie zu sich selbst gemeint, und wo die anfängt, hatten wir schon: in der eigenen Mitte. Aber da kann sie nicht ewig bleiben, weil sie da noch keine Liebe ist, sondern nur der Anfang.

Damit wirklich Liebe daraus wird, brauchen wir den Nächsten wie eine Welle die andere braucht, um Resonanz zu schaffen.

Wenn Jesus fordert, den Nächsten wie sich selbst zu lieben, kleidet er nur eines der beiden alten Gebote der Muttergöttin in ein neues Gewand. Sobald ich dem Anderen etwas wegnehme oder vorenthalte, liebe ich ihn offensichtlich nicht wie mich selbst. Deshalb sind die Fähigkeit, Teilen zu können, und die Lust, es zu tun, viel glaubwürdigere Zeichen von Liebe als alle schönen Worte. Deshalb regierte die Liebe, als noch Alles für Alle da war, und solange wir anders leben, wird unser Leben ohne Liebe bleiben, machen wir uns nichts vor.

Wir machen uns ohnehin etwas vor, wenn wir glauben, dass mehr Besitz uns reicher macht. Wenn die Natur überall das lebensfördernde Verhalten belohnt, die Kooperation und den Zusammenhalt, dann kann es keinen größeren Genuss geben als edel, hilfreich und gut zu sein. Teilen bringt Überfluss und Wegschließen Mangel, das ist nur logisch. Nur Loslassen ist wirklicher Reichtum, Festhalten ein Zeichen von Armut.

Wir zahlen einen hohen Preis für eine Fiktion. Besitz ist eine Illusion, so flüchtig wie der Hauch des Atems im Winter. Wir sorgen uns und schleppen uns ein Stück unseres Weges damit ab, aber der Weg führt uns alle an den Punkt, wo wir wieder nackt sind und frei von aller Last; wo wir unseren Besitz erleichtert hinter uns lassen wie einen Morgenschiss, der auch am Vortag noch ein Gänsebraten war. Nichts gehört uns wirklich. Die Vögel im Sachsenwald pfeifen auf die Familie Bismarck und Herr Rockefeller hat das Wenigste von dem, was ihm angeblich gehört, jemals gesehen. Unser neues Auto ist jetzt schon Schrott von Morgen; und die Kinder, die wir unsere Kinder nennen, gehen ihre eigenen Wege. Der ganze Aufwand hindert uns nur daran, unseren wahren Reichtum zu entdecken und zu erkennen, wer wir wirklich sind, wo wir leben und wofür.

Für einen Eiertanz ums goldene Kalb müssen wir unser Seelenleben opfern und rauben es dann unseren Kindern. Wir zerstören das segensreiche Netz der Kohärenz, das uns tragen und beflügeln sollte, und wir verzichten auf unseren direkten Draht zur unendlichen Weisheit; oder, wenn Sie es anders nennen möchten, zu Gott, jener dicken schwarzen Mutti, die uns heute ähnlich verstümmelt präsentiert wird wie einst Michael Jackson. Wir trampeln tanzend auf unserer eigenen Kraft und unserem wahren Wissen herum, wir selbst werfen die Perlen, die wir sind, vor die Säue.

Indem wir uns heraushalten, schwächen wir den Zusammenhang und zerstören uns und unsere Welt, in der alles miteinander verbunden ist, ob wir wollen oder nicht. Wenn jedes Wesen seine Schwingung hat, seinen Klang, dann ist das Ganze eine kosmische Symphonie, ein himmlischer Einklang. Wer will eine Symphonie genießen, bei der die Bläser schrillen, unharmonischen Mist spielen, die Geigen sich gegenseitig zu übertönen versuchen, der Schlagzeuger mit dem Becken verschwindet und der Pianist sein Geld zählt? So wie die Symphonie erst zur Symphonie wird, wenn jeder seinen Part spielt, so entsteht auch Kohärenz nur dann, wenn jeder sein Teil beiträgt. Zu sich selbst zu finden ist der erste grundsätzliche Beitrag jedes Einzelnen zur Genesung des Ganzen, einschließlich der Heilung der Erde. Tun Sie uns die Liebe, horchen Sie auf Ihren eigenen Ton, und wenn Sie ihn gefunden haben, stimmen Sie ein in den großen Chor!

Dann werden Sie schnell begreifen, was für ein Schwachsinn die oft gehörte Behauptung ist: „Mir schenkt auch keiner was!". Kann man sein Leben, seine Gesundheit, seinen Verstand, seine Lebenskraft und seine schönen Augen irgendwo erwerben? Wir sind alle üppig beschenkt, aber die ganze Wahrheit ist noch viel größer: Jeder Einzelne von uns ist ein Geschenk! Wir sollten es einsehen und uns ein Beispiel an der Weisheit der großzügigen Schöpfung nehmen. Sobald wir uns eingeben, nehmen wir teil am Überfluss. Auch hier sind Geben und Nehmen eins, auch hier herrscht Kohärenz, auch hier regiert die Liebe. Und im Überfluss gibt es keine Not, keinen Neid und keine Eifersucht.

Wir zahlen einen hohen Preis für eine Fiktion. Unser ganzes Recht, das immer noch Vaterrecht genannt wird, schafft vor allem den Rahmen, in dem Einzelne den Anderen etwas wegnehmen können. Unsere ganze Moral versucht diesem Einzelnen die Illusion zu geben, dass sich das so gehört.

Es ist mehr als klar, dass wir nicht den halben Aufwand treiben müssten, um doppelt so gut zu leben, wenn wir zusammenhalten und teilen würden. Eine Waschmaschine pro Etage würde überall reichen. Durch Fahrgemeinschaften würden wir weniger Autos brauchen und sehr viel Benzin sparen. Babysitter und Altenpfleger bräuchte kaum noch jemand. Einzelkinder im strengen Sinne gäbe es nicht mehr. Alarmanlagen und Wachdienste wären weitgehend überflüssig. Essen in Familiengruppen zu organisieren und umschichtig zu kochen, brächte neben Ersparnis auch noch Abwechslung in den Speiseplan, dazu Geselligkeit beim Essen, soziales Lernen und Freundschaft im Haus. Wenn wir uns erstmal zusammen gefunden hätten, würden wir bald nicht mal mehr abschließen. Und der allgemeine Umgangston wäre zusehends freundlicher. Obwohl es so offensichtlich ist, dass wir nur Vorteile vom Teilen hätten, scheint niemand richtig damit anfangen zu wollen, ganz im Gegenteil.

Es wäre ja auch eine revolutionäre Handlung, das ist wohl wahr. Allein die Aufforderung zum Teilen rüttelt an den Grundfesten unserer Kultur. Aber zu hoffen, dass die Liebe ohne einen drastischen Wandel dieser Kultur in unserem Leben auftauchen könnte, ist Blindheit. Heute ist Liebe Revolution! Auch Jesus war ein Revolutionär. „Liebe deinen Nächsten wie dich selbst" war in Rom ein Aufruf zum Umsturz, und in Washington wäre es heute auch einer, genau wie bei uns im Land, bei uns in der Stadt, bei uns im Haus und in den meisten Familien, ganz zu schweigen von den Paaren. Denn dass Teilen Gleichberechtigung bedeutet, versteht sich von selbst. Liebe ist Teilen und Zusammenhalt, und ohne Zusammenhalt und Teilen ist keine Liebe, Revolution hin, Revolution her.

Für diese eigentlich unvermeidliche Revolution brauchen wir nicht einmal nach Paris, Berlin oder Brüssel zu fahren, wir brauchen keine Guillotine und auch keine Molotow-Cocktails, wir werden uns nicht schießen oder schlagen – denn wir müssen zu Hause anfangen und brauchen nichts als Vertrauen: in die Gesetzmäßigkeiten der Resonanz, in die universelle Kraft der Liebe und vor allem in uns selbst. Da die Schlacht nur mit dem Sieg der Liebe enden kann, ist ein Dummkopf, wer sich nicht gleich auf die richtige Seite schlägt.

Kohärente Felder fangen auch klein an. Wenn in unserem Herzen und in unserem Haus die Liebe regieren, haben wir schon gewonnen. Wir werden liebevolle Menschen anziehen, offene Seelen anregen und in manchem Leb- und Lieblosen das kleine Feuer anfachen, das irgendwo in ihm vielleicht noch glimmt. Außerdem werden wir oft beschenkt werden. Und wir werden immer mehr werden, immer stärker, immer sicherer und immer froher. Wir werden siegen, ruft uns die Liebe zu. Je eher, desto besser, kann ich da nur sagen. Lasst uns wieder zusammen kommen und uns gut fühlen.

13 Schwingung und Resonanz im Alltag

Alles, was wir für uns selbst tun, tun wir auch für andere,
und alles, was wir für andere tun, tun wir auch für uns selbst.
(Thich Nhat Hanh)

Ein paar Beispiele für den Einfluss von Schwingung und Resonanz auf unser Leben hatten wir ja schon erwähnt, aber diese
Erscheinungen bestimmen unsere Existenz so grundlegend, dass
es nicht schaden kann, einen genaueren Blick darauf zu werfen.
Die Einsicht, dass wir zuerst Energie sind und dann erst Fleisch
und Blut, ist hilfreich. Materie ist nur eine Erscheinungsform von
Energie, überall im Kosmos. Die Schwingungen geben der Materie den Platz an, den sie einzunehmen hat. Deshalb kümmert
sich die bessere Medizin vor allem um den freien Fluss der Energie - Pickel oder Schmerzen sind für sie nur Zeichen, nicht die
Krankheit. Der Erfolg gibt ihr recht.

Spätestens vom Moment der Zeugung an können wir uns auch
als Resonanzerscheinung betrachten. Es ist gut möglich, dass die
ewig gleichen Teilungen der befruchteten Eizelle von äußeren
Stimuli dirigiert werden, zum Beispiel durch die bis jetzt streng
wissenschaftlich noch nicht nachgewiesenen, aber überall vorhandenen bioenergetischen Felder, im Einklang mit der Schwingung der Eizelle. Das gesamte Wachstum des so entstandenen
Embryos kann sehr gut durch Resonanz der eigenen Schwingungen mit diesen Feldern gesteuert werden, die wohl seit Ewigkei-
ten zur Erde gehören wie die Magnetfelder, von denen wir auch

lange nichts gewusst haben. Dass wir einer unendlichen Vielfalt von Schwingungen ausgesetzt sind, bezweifelt jedenfalls niemand mehr, und dass die wenigsten davon erkannt sind, auch nicht. Für alle Fälle hat jede Zelle in der DNS eine extrem feine Antenne, sie wird schon wissen, wofür es gut ist.

Wenn während des embryonalen Wachstums alles gut geht und der kleine Mensch dann glücklich geboren wird, weiß er immer noch sehr genau, was er zu tun hat, obwohl die neue Situation ja gänzlich unbekannt ist. Als erstes sucht ein menschliches Neugeborenes wie alle Affen den Augenkontakt mit der Mutter, damit es weiß, dass es am rechten Ort angekommen ist. Dann, nach einer ganz bestimmten Zeit, sucht jedes kleine Säugetier eine Zitze, von der es weiß, dass sie da ist, obwohl es sie noch nie gesehen hat. Wir nennen das Instinkt. Aber das ist nur ein Wort für etwas, was wissenschaftlich niemand erklären kann, ein Wort, das dementsprechend gar nichts erklärt. Viele Traumbilder von Menschen aller Kulturen und aller Zeiten gleichen sich. Das kann auch niemand erklären, aber weil es bei uns passiert, wird es wenigstens nicht einfach Instinkt genannt. Wahrscheinlich gibt es wirklich ein gemeinsames Grundwissen, zu dem jeder Zugang hat. Die Kinder kriegen jedenfalls in Lappland mehr oder weniger zur gleichen Zeit Zähne wie in Timbuktu, sie fangen in der Mongolei zur gleichen Zeit an zu plappern und zu laufen wie in Feuerland, zumindest, wenn sie so alt werden dürfen.

Sind sie dann so groß geworden, dass sie sich entschlossen der Welt zuwenden, wird ihr ganzes Verhalten immer noch von Resonanz gesteuert. Keine Begegnung, keine Kontaktaufnahme, ohne dass lange vor dem ersten Wort die Schwingungen des Gegenübers registriert und eingeordnet worden sind. Das gilt nicht nur für menschliche Gegenüber, die sofort als angenehm oder unangenehm empfunden werden, sondern für viele andere Situationen unseres täglichen Lebens. Popp sagt zum Beispiel, dass uns natürliche Nahrungsmittel durch ihre Schwingungen oft mitteilen, ob sie dem Körper gut tun oder nicht. Deswegen betont er die Wichtigkeit des Appetits. Bei Wildtieren beeindruckt uns die Sicherheit, mit der sie in manchen Situationen gewisse Kräuter suchen, die ihnen das geben, was sie brauchen. Auch sensible Menschen können die Wirkung einer Pflanze direkt erkennen. Storl behauptet sogar, dass im Garten eines kranken Menschen die ihn heilenden Pflanzen spontan auftauchen. (18) Mein Garten gibt ihm eindeutig recht. Da immer nur eine winzige Zahl der Unmenge im Boden vorhandener Samen zu keimen beginnen, und zwar zuallererst die jener Pflanzen, die den Boden verbessern, ist es leicht vorstellbar, dass es die besonderen Schwingungen des Kranken sind, die spezielle Samen zum Keimen anregen, genau wie die speziellen Schwingungen des kranken Bodens.

Wenn jemand wirklich offen für alles ist, reicht ihm meist schon die Gegenwart der Pflanze – oder des Feldes, je nachdem. Beides könnte helfen, die erstaunlichen Selbstheilungskräfte des Körpers zu erklären. Auch in der Homöopathie sind es nur die Informationen, also bestimmte Schwingungen, welche die Heilung auslösen. Sehr vieles heilt der Körper zum Glück ja auch aus seinem eigenen „Wissen", ohne dass wir deswegen einen Arzt aufsuchen müssen.

Ein ganz anderes Phänomen, auf das wir meiner Meinung nach durch Resonanz sogar heftig einwirken, ist das Wetter. Es beeinflusst jedenfalls Stimmung und Befinden vieler Menschen, möglicherweise durch Anregung unterschiedlicher Gehirnwellen. (19) Da wäre es nur natürlich, wenn Stimmung und Befinden auch Einfluss auf das Wetter ausübten. Wenn vierzig entschlossene Indianer durch bestimmte Rituale Regen herbeirufen können, dann ist auf keinen Fall auszuschließen, dass die konfuse Energie einer Million nicht verbundener Großstädter auch etwas bewirkt. Vielleicht erkennen wir eines Tages, wieviel unsere Gedanken und Gefühle zu den Smog-Glocken über Ballungsgebieten beitragen.

Sicherlich gibt es noch viele andere Bereiche, an denen wir durch Resonanz teilhaben, ohne es bis heute zu ahnen. Unser spärliches Wissen über das Schwingungsmeer, in dem wir leben, ist noch ganz neu, und wenn schon von unseren Weltmeeren höchstens die oberen paar hundert Meter halbwegs erforscht sind, dann haben wir vom kosmischen Meer der Schwingungen kaum mehr als die Wasseroberfläche wissenschaftlich wahrgenommen. Dass wir vieles davon einmal völlig unwissenschaftlich einfach direkt wussten, beweisen die zahlreichen Rituale, Sprichwörter und alltäglichen Redewendungen, die wir noch kennen, aber nicht mehr befolgen.

Von allen vorstellbaren durch Resonanz regierten Bereichen ist einer für uns besonders wichtig, vor allem in einem Buch über die Liebe: die zwischenmenschliche Resonanz, fürwahr ein weites Feld. Das Grundsätzliche ist ja schon ein paar mal angeklungen: sobald wir uns jemandem nähern, gehen unser beider Wellen in den Clinch, und dem Resultat entsprechend verhalten wir uns, wobei wir gewohnt sind, gewisse Konventionen einzuhalten. Viele kennen die Konventionen wesentlich besser als den Clinch ihrer wahrscheinlich schon lustlosen Wellen; für diejenigen ist es einfach, sie wahren auf jeden Fall die Form, zumindest so lange es geht. Aber selbst die wissen meistens noch, ob sie lieber rangehen möchten oder weggehen. Viel mehr wissen die anderen in dem Moment auch noch nicht, und viel mehr braucht man nicht zu wissen. Wenn man erstmal näher gekommen ist, wird man auch wissen, wann es nah genug ist – für den Moment. Sogar Einzeller wissen in jedem Augenblick, ob sie sich nähern oder entfernen sollen. Und zweibeinige Zehnbillionenzeller dürfen sich genauso glücklich schätzen, dass sie das immer wissen, wenn sie nur drauf hören.

Doch das ist erst der Anfang. Haben wir jemanden getroffen, dessen Wellen sich besonders eng an die unseren schmiegen, beginnen die beiden schwingenden Energien sofort, stabile Verknüpfungen herzustellen. Es entsteht Kohärenz. Wir haben fortan einen besonderen Draht zum Anderen, natürlich drahtlos. Schon beim Aufwachen denken wir an ihn, tagsüber schweifen unsere Gedanken gerne ab, und wenn wir ihn schließlich anrufen, ist er sofort am Telefon und sagt: „Ich wollte dich auch gerade anrufen". Manchmal spüren wir unsere wachsende Erregung, wenn er sich nähert oder nur den Entschluss dazu fasst. Zwischen Haustieren und ihren Haltern ist diese Verbindung gut bekannt und besser dokumentiert als zwischen Menschen, aber es ist wohl anzunehmen, dass sie zwischen Menschen nur intensiver sein kann. In extremen Fällen wachen Mütter schweißgebadet auf, wenn ihr Kind in einem fernen Land verunglückt. Eine alltägliche Situation ist die, dass der Bekannte um die Ecke kommt, von dem wir gerade reden. Wir sagen: „Wenn man vom Teufel spricht, dann kommt er", und es ist gut möglich, dass wir ihn durch unsere Gedanken rufen; aber ebenso häufig dürfte genau das Gegenteil ablaufen: „Wenn der Teufel sich nähert, beginnt man von ihm zu reden". Wenn ein Engel kommt, geschieht übrigens das Gleiche, also sollten wir vielleicht mehr von Engeln reden.

Da die schwingenden Energien bestrebt sind, diese Verknüpfungen auszubauen und zu festigen, kann die Verbindung sehr stabil werden. In glücklichen Beziehungen kann das zu blindem Verständnis und abgrundtiefem Vertrauen führen, ja zu bedingungsloser Bereitschaft, selbst das Leben für den Anderen hinzugeben. Wenn man den Nächsten so tief in sich selbst trägt, ist es nicht schwer, ihn zu lieben wie sich selbst.

Wer dann jedoch meint, ihm etwas für die Zukunft schwören zu müssen, benimmt sich wie ein Idiot und versündigt sich vielfach. Zu allererst zeigt er, dass ihm das Glück des Augenblicks nicht genug ist und er MEHR will. Dann beweist er Undank und fehlendes Vertrauen in die Kraft der Liebe, deren großes Geschenk er wie einen Bausparvertrag behandelt, den man morgen einfordern kann. Aber Bausparverträge sind Versicherungen, und so etwas kennen weder die Liebe noch das Leben. Leben und Liebe sind ein kontinuierlicher Fluss universeller Energie, und wie alle Flüsse schlängeln sie sich in Mäandern, die sie sich selbst suchen. Jeder Treueschwur ist ein Versuch, den Fluss zu kanalisieren. Jeder Kanal ist eigennütziger Missbrauch eines

Flusses, aber der Fluss ist dann tot und die Landschaft, durch die er floss, stirbt mit ihm. Die Liebe lässt sich nicht zwingen und nicht festnageln, doch sie kann auch niemand widerstehen, der sich ihr ohne Bedingung hingibt.

Bleiben wir bei der stabilen Bindung, dem blinden Verständnis und dem grenzenlosen Vertrauen. In einer Welt, in der Alles schwingt, kann auch dieses seltene Glück nicht bedeuten, dass uns irgendetwas von der Vielzahl der anderen Schwingungen trennen sollte. Wozu auch, wir sind doch ohnehin stabilisiert. Allein der Versuch, sich auszugrenzen, ist eine Beleidigung für die Liebe, für die mehr Zusammenhalt, mehr Liebe bedeutet, und er ist ein erneuter Beweis fehlenden Vertrauens in die Stabilität der Welle, die man doch selbst ist. Dabei bedeutet wachsender Zusammenhalt ganz selbstverständlich wachsende Sicherheit und zusätzliche Kraft für jeden Beteiligten. Deshalb muss gerade eine stabile Bindung offen bleiben, damit sie eine Chance hat, sich anzupassen, dadurch zu überleben, und so weiter zu wachsen. Stillstand ist Tod, also muss die Liebe fließen dürfen. Vor allem aber gehört es zu ihren wichtigsten Aufgaben, im gesamten Universum immer größere Zusammenhänge zu schaffen, das ist die ganze Evolution. Eine Kleinfamilie ist gewiss noch kein besonders großer Zusammenhang, das deutet schon der Name an. Schließlich ist es ja nicht so, als hätten wir nur ein bestimmtes Maß an Liebe zur Verfügung, mit dem wir sparsam umgehen müssten – ganz im Gegenteil: je sparsamer wir lieben, desto weniger lieben wir, und je uneingeschränkter wir lieben, desto mehr liebende Kraft haben wir, geben wir und empfangen wir. Liebe kann weder eng noch geizig sein, und das Ziel der Liebe ist, uns eines Tages wieder Alle gemeinsam zu erfassen. Erst dann dürfen wir eigentlich wieder von Liebe reden, aber dann werden wir auch wieder etwas Besseres zu tun haben, als davon zu reden.

In unserem Alltag ist schon die kleine Liebe selten geworden. Natürlich gibt es lebenslange Bindungen, aber um welchen Preis! Offen dürfen sie nicht sein, denn sie sind vorsätzlich stabil.

Dass sie mehr lebenslang sind als liebevoll, erkennt man spätestens dann, wenn der Opa die Oma erschlägt, mit der er den größten Teil seines Lebens verbracht hat. Aber meist sieht man schon lange vorher, dass nicht Anziehung und Vertrauen die Partner zusammen halten, sondern Gewohnheit und Resignation. Diese Resignation erzeugt wahrscheinlich mehr Krebs als Rauchen und Holzschutzmittel zusammen. Wilhelm Reich jedenfalls nennt den Krebs eine Resignationserscheinung; und Jahrzehnte später sagt er, dass die unerbittliche Treue der Eheleute reiner Hass ist. (20)

Liebe ist es sicher nicht, denn der Liebe und dem Leben, die ja immer Hand in Hand gehen, lässt die erbarmungslose Treue wenig Raum.

Doch selbst wenn unser Alltag eher selten oder gar nie von Liebe erfüllt ist, wird unser Verhalten von morgens bis abends durch Resonanz gelenkt, denn die fängt im Kleinen an. Sie sorgt zum Beispiel dafür, dass Leute mit einer schwachen Persönlichkeit, was wir sehr zutreffend auch schwache Ausstrahlung nennen, sich gerne an eine starke Energie anhängen, weil das für sie zusätzliche Kraft bedeutet. Außerdem treffen sie so ähnliche Seelen und wachsen tatsächlich in ein soziales Netz. Wenn sie Glück haben, erwischen sie eine positive, das Lebenbejahende Energie, aber statistisch gesehen ist diese Chance recht gering. Meist warten Rattenfänger darauf, sich dieser Mitläufer zu bedienen. Solange sich die Herrschenden ihrer bedienen dürfen, nennt man sie natürlich nicht Mitläufer sondern verantwortungsbewusste Bürger.

Eine andere Erscheinung, die wesentlich allgegenwärtiger ist, als wir ahnen, ist das Gedankenlesen. Nicht der Kabarett-Akt auf der Bühne und auch nicht die Fähigkeit überdurchschnittlich sensibler Personen ist hier gemeint, sondern die einfache Tatsache, dass ein Junkie einen anderen Junkie sofort erkennt, ein Verbrecher den anderen, der Sadist den Sadisten und der Pedant den Pedanten; Ängstliche erkennen Ängstliche und Mutige Mutige, genau wie Bankkaufleute, Spieler, Aufschneider,

Schwätzer und Künstler Ihresgleichen schnell erkennen, liebende Seelen nicht zu vergessen.

Haben Sie einmal darüber nachgedacht, woher Ihre Gedanken, Ihre plötzlichen Einfälle kommen? Glauben Sie, dass die alle in Ihrem Hirn geboren werden? Weit gefehlt! Abgesehen davon, dass uns viele Ideen regelrecht eingetrichtert werden, kann es uns auch jederzeit passieren, dass wir eine von den unendlich vielen Vorstellungen aufschnappen, die sozusagen in der Luft liegen. Dass wir in Bildern denken, die sich wie zarte Laserprojektionen im Raum ausbreiten, hatten wir vorne schon einmal erwähnt, und auch, dass diese von sensiblen Leuten erfasst werden können – und sehr leicht von ähnlich denkenden Hirnen. Wir erinnern an die Empfehlung, über die Menschen in Ihrer Umgebung nachzudenken, wenn Sie mal wieder gar nicht wissen, wie Sie auf einen besonders merkwürdigen Einfall gekommen sind. Vor allem aber möchte ich jeden Mann auffordern, der an eine Vergewaltigung denkt, einen Moment innezuhalten und sich zu fragen, ob das wirklich SEINE Idee ist. Es gibt ja auch welche, die uns untergejubelt werden.

Wer die Kraft der Gedanken begriffen hat, wird sich hüten, lange mit der Vorstellung zu liebäugeln, dem bösen Nachbarn die Scheiben einzuschmeißen. Vielleicht kommt der sonst auch auf die Idee. Wer würde an Raub, Mord oder Vergewaltigung denken, wenn ihm klar wäre, dass er damit jeden Räuber, Mörder oder Vergewaltiger bestärkt, seinen eigenen zu allererst? Wer würde solche Mord-und-Totschlag-Drehbücher schreiben, wer diese Filme sehen wollen? Wäre uns bewusst, dass unsere Vorstellungen uns verlassen wie der Hauch des Atems im Winter, sich allerdings viel langsamer auflösen, würden wir anders denken. Hätten wir begriffen, wie leicht uns jeder Gleichgesinnte durchschaut, hätten viele Leute allen Grund zum Fürchten. Nur dort, wo keine Bosheit ist, bleibt ein böser Gedanke ohne Widerhall.

Das bedeutet, dass wir schon durch unsere Gedanken kräftig auf unsere Umwelt einwirken, nicht erst durch unsere Taten und deren Folgen. Wir ruinieren also nicht nur die Welt unserer Kinder, nicht nur die Zukunft, sondern wir ruinieren schon unsere eigene Gegenwart, unsere eigene Umwelt, unser eigenes Leben, und zwar mehr als alles andere. Wer schlechte Gedanken hat, hat auch üble Freunde; wer gemein ist, wird viel leiden; wer über Leichen geht, muss höllisch aufpassen; wer nicht an andere denkt, wird wenig Freude haben.

Doch verheißt uns diese Einsicht auch, dass offene Menschen offene Menschen treffen und Wohltäter beschenkt werden; dass wir Freude erleben, wenn wir Freude bereiten; dass Mitfühlende glücklich werden; und dass es möglich ist, ein neues, anderes Paradies erblühen zu lassen. Sicher wird das nicht leicht sein, aber auf jeden Fall ist es einfacher und kräfteschonend, MIT der Kraft der Natur zu leben, als gegen sie. Das nur zur Ermutigung. Niemand hindert uns, freundlich zu sein - zu den Nachbarn, den Kollegen, den eigenen und allen anderen Kindern. Je eher wir anfangen, desto eher werden wir den Wandel in unserem Leben bemerken.

Eine letzte Erkenntnis, die uns der Resonanzcharakter der Liebe beschert, soll nicht unerwähnt bleiben. Ähnlich der Schwerkraft wirkt auch die Resonanz ZWISCHEN zwei Objekten, und zwar nach beiden Seiten gleich. Der Apfel fällt nicht nur zur Erde, sondern sie kommt ihm entgegen; unmerklich allerdings, weil die gleiche Kraft, die für den Apfel groß ist, für die Erde wirklich winzig ist. Aber unerwiderte Schwerkraft gibt es so wenig wie unerwiderte Resonanz. Das heißt, dass es auch keine unerwiderte Liebe geben kann. Wo immer wir die traurige Geschichte hören müssen, dass sie ihn liebt und er sie nicht – oder umgekehrt -, haben wir es mit einer Neurose zu tun, oft mit zweien. Liebe ist es jedenfalls nicht. Eher ist es ein verzweifelter Schrei danach. Doch die verzweifelte, natürliche und berechtigte Sehnsucht nach Liebe beweist nur deren Abwesenheit.

Shakespeares Romeo, der schon in der ersten Szene unglücklich in eine Andere verliebt war, bevor er Julia einmal von ferne sehen darf und völlig durchknallt, hat seine große Liebe zu Rosaline, mit der das Drama beginnt, ebenso leicht ausgelöscht wie er sie vorher fantasiert hatte. In beiden Fällen hatten nicht Einklang und gegenseitiges Erkennen seinen fast manischen Liebeswahn ausgelöst, sondern eine Wunschvorstellung, die mit der Wahrheit nichts zu tun hat. Besser nennen wir sie Zwangsvorstellung und haben so gleich einen Namen für die neurotische, unerwiderte Liebe.

Romeo hatte sowieso eine Macke, was nur ein drastischeres Wort für Neurose ist. Er selbst beschreibt seine Zwangsvorstellung genau. Er will eine, „die schöner ist als die Schönste". Das kann es gar nicht geben, und selbst wenn es das gäbe, wofür wäre es gut? Allenfalls zum Angeben, um sich selbst damit zu schmücken wie mit einem Seidentüchlein. Dabei ist es so einfach. Obwohl es das gar nicht geben kann, ist es überall leicht zu finden. Immer ist die, die man liebt, schöner als alle anderen! Man kann das rosa Brille nennen, aber genau so gut auch Erkenntnis. Ganz sicher ist die Liebe eine sehr effektive Schönheitskur. Kann es etwas Schöneres geben als ein im Einklang erstrahlendes Wesen?

14. Wachsen und Erblühen

Vögel fliegen und Kinder lernen.
Man braucht sie nicht dazu zu zwingen.
(Jan Edel)

Jeder Keim, so winzig er auch ist, birgt die Gestalt und das Wesen des ausgewachsenen und fortpflanzungsfähigen Exemplars seiner Gattung in sich. Nur Katastrophen oder mangelhaft erfüllte Grundbedürfnisse können den Keim daran hindern, „alles aus sich heraus zu holen", wie man so schön sagt, obwohl die wachsenden Lebewesen, wohin man auch schaut, zuerst einmal alles in sich hinein stopfen wollen. Irgendwo muss die Materie ja herkommen, mit der unser kleiner Keim die große Gestalt schafft, die in ihm steckt. Außer der materiellen Nahrung brauchen alle Keime nur noch Wärme und Wasser, und natürlich Schutz oder eine gute Portion Glück, um sich perfekt zu entwickeln. Aus Sonne, Erde und Wasser schafft ein Weizenkorn einen Halm mit dicker Ähre, ein ausgebrütetes Hühnerei macht aus Körnern und Wasser ein legefreudiges Huhn, und ab und zu ein Ei hilft dem halbwegs entwickelten Menschenkeim, im besten Fall ein Einstein oder Mozart zu werden. Ach, das Wichtigste von allem, was der Keim braucht, haben wir noch gar nicht erwähnt! Das liegt wohl daran, dass wir die ganze Zeit von nichts anderem reden. Das alles kann der Keim nur schaffen, solange er im Einklang sein darf.

Bei befriedigten vitalen Grundbedürfnissen, zu denen der Einklang unbedingt gehört, holt jeder Keim alles aus sich heraus, das ist sein oberstes Ziel. Jeder Keim will das Beste aus sich machen, das heißt, dass kein Bäumchen freiwillig ein Bonsai wird, und kein Embryo vorhat, ein Arschloch zu werden. Dieses alles aus sich heraus Holen kehrt sozusagen das Innere nach außen. Deshalb wird es auch Entfaltung genannt, freie Entfaltung im schönsten aller Fälle. Diese gehört zu den von der Verfassung garantierten Menschenrechten, und da sie ernst genommen alles andere beinhaltet, würde sie die ganzen weiteren Rechte überflüssig machen, wenn unser erstes, angeborenes Menschenrecht nicht überall mit Füßen getreten würde.

Diese Entwicklung einer verborgenen, als Vorstellung schon vorhandenen Gestalt, ist eines der größten Wunder des Lebens. Die Wissenschaft muss es hinnehmen und kann allenfalls winzige Teilaspekte beschreiben, nie begründen. Wir nehmen es gerne hin, aber da es so alltäglich ist, nehmen wir es kaum noch wahr. Deshalb wollen wir es uns an einem kleinen, aber wunderschönen Beispiel einmal in Ruhe anschauen, am Wachstum des Falters, der, wie wir sehen werden, eigentlich Entfalter heißen müsste.

Schon der Hochzeitsflug der Falter ist beeindruckend. Nur durch beider Geschlecht vereint hängt sie passiv empfangend an ihm, der flatternd die doppelte Last durch die Luft schleppen muss, obendrein bedrängt von anderen erregten Männchen. Und die Ehe ist nach der sehr unzutreffend "Hochzeitsflug" genannten Befruchtung vorbei. Das Männchen stirbt meist sehr schnell, aber auch das Weibchen muss meist nur noch ein paar Eier legen oder besser gesagt ankleben und wird nicht viel älter.

Die Eier sind so winzig, dass man sie kaum sieht. Und die kleine Raupe, die nach ein paar Tagen ausschlüpft, ist keinen Deut größer - wie sollte sie auch. Als erstes verschlingt sie das Frühstücksbrot, das Mami ihr mit auf den Weg gegeben hat: die hauchdünne Eierschale. Dann frisst sie eigentlich nur noch, den ganzen Tag, so viel sie findet. Irgendwann, im Fall des großen Monarchen nach etwa zehn Tagen, ist sie dann eine wirklich fette Raupe, die man kaum übersehen kann. Sie hat aber noch keinerlei Ähnlichkeit mit einem Schmetterling, vielleicht ahnt sie noch nicht einmal, dass sie auf dem besten Weg ist, einer zu werden. Doch sie weiß ganz genau, was sie als nächstes zu tun hat. Sie hat sich mit dem hinteren Ende an einen Ast zu kleben, und dann hat sie loszulassen, mehr nicht.

Am nächsten Morgen hängt sie, scheinbar leblos, an der gleichen Stelle, die bunte Haut verblasst, die Fühler fast verwittert. Sie ist völlig wehrlos und bewegt sich allenfalls mit dem Wind. Doch plötzlich beginnt der schlaffe Wurm zu zucken und zieht sich wie unter Krämpfen ein ums andere mal zusammen. Dabei wird er kürzer und dicker, so dass die alte Haut schließlich aufreißt. Heraus kommt ein scheinbar neuer, bleicher Wurm, der sich dreht und windet, bis er die alte Haut ganz abstreift. Der neue dicke Wurm beruhigt sich langsam, seine frische Haut wird dunkler und härter, und nach einer Stunde ist er zu einer leuchtend grünen Puppe geworden, auf deren Chitinpanzer ein paar goldene Punkte auffallen. Das Einzige, was sich nicht verändert hat, ist die Klebe, an der alles hängt.

Nun passiert ganz lange -scheinbar- gar nichts. In Wirklichkeit findet das eigentliche Wunder statt. Zuerst zersetzt sich innerhalb des Chitinpanzers die vorherige Raupe zu einem gleichförmigen Brei. Dann wächst langsam von außen nach innen aus diesem Brei ein zusammengepresster Schmetterling mit eng zusammengeknüllten Flügeln nach einem Bauplan, der auf dem Chitinpanzer angedeutet ist. Augen und Fühler entstehen hinter den goldenen Punkten. Doch von all dem sieht man nichts. Erst am zehnten Tag verfärbt sich die leuchtend grüne Puppe schwärzlich, und die zweite Haut wird immer durchsichtiger, bis die schönen Orangetöne des Monarchenflügels herauszuleuchten beginnen. Bald platzt dann die hauchdünne Chitinhülle und ein kleiner fetter Falter plumpst heraus, der sich anklammert, wo er kann. Meist ist das seine alte Hülle. Die Flügel hat er auf dem Rücken etwa so eng zusammengelegt wie ein Fallschirmspringer seinen Schirm im Rucksack.

In den nächsten zwei Stunden müsste der Falter eigentlich eher Hänger heißen. Er tut nichts anderes. Aber dabei sammelt er Kräfte und sein kurzer dicker Leib hängt sich aus, bis er rank und schlank ist. Auch die Flügel werden vom Hängen glatter und glatter; wie eine zusammengeprummelte Luftmatratze glatt wird, wenn man sie nur aufhängt. Richtig Luftmatratze ist sie natürlich erst im aufgeblasenen Zustand, genau wie die Schmetterlingsflügel, die nun die Körpersäfte straffen. Jetzt wird nur noch der Rüssel geputzt, ein paarmal Probe geflattert, und schon geht es ab ins pralle Falterleben, bis kurz nach dem sogenannten Hochzeitsflug.

Obwohl der Mensch keine bunten Flügel hat und bei ihm der erste Teil seiner Entfaltung wenig spektakulär ist, da er sich ja tief im Dunkel des mütterlichen Leibes vollzieht, wird wohl niemand annehmen, dass sein Wachsen ein geringeres Wunder ist, eher im Gegenteil. Auch ohne Flügel ist der Mensch sicher das komplexere Wesen. Doch auch sein Wachstum folgt einem unsichtbaren Plan und auch er weiß in jedem Moment genau, was er zu tun hat.

Wenn Samenzelle und Eizelle sich vereinen, beginnt ein zierliches Ballett von Wellen und Teilchen, die von Molekül zu Molekül eilen, um die Nachricht zu verbreiten. Moleküle schließen sich zusammen, es kommt zu massiven Bewegungen in der Eizelle und plötzlich teilt sie sich. Dann teilen sich beide, dann alle vier, dann acht und so geht es weiter, bis nach kurzer Zeit aus der einen befruchteten Zelle ein hohler Ball von etwas mehr als tausend Zellen geworden ist. (21)

Das war jedoch nur die Ouvertüre, die wirklich dramatischen Massenszenen kommen erst. Wie bei einer Polonaise in Kugelform drängen auf einmal die Zellen einer Seite in die Mitte und stürmen weiter, bis sie die gegenüberliegende Seite erreicht haben und sich fest bei den dortigen Zellen "einhaken". Wenn Sie einen Luftballon mit dem Finger eindrücken, bis Sie auf der anderen Seite sind, entsteht eine ähnliche Form. Aus dem hohlen Ball ist ein Schlauch geworden, aus der symmetrischen Kugel der erste Gegensatz: vorn und hinten. So hat der werdende Mensch wie jedes andere Wirbeltier schon mal einen Eingang und einen Ausgang, Mund und Anus. Dass die später die Funktion noch einmal tauschen, spielt keine große Rolle, im Fruchtwasser schwimmend und über die Nabelschnur versorgt. Bald hat er auch die ersten Zellen, die genau wissen, was sie werden wollen - Nerven, Muskeln, Knochen, Schleimhaut oder Darm. Nun kann ein ordentlicher Wissenschaftler schon unterscheiden, ob da ein Huhn, ein Fisch oder ein Mensch heranwächst. Wahrscheinlich machen sich die Eltern langsam Gedanken über einen Namen für das Kind, obwohl das zierliche Ballett noch nicht in der Mitte des ersten Aktes angekommen ist. Auch das neue Lebewesen muss ja noch erfahren, ob es Fisch wird oder Fleisch, schwarz oder weiß, Männchen oder Weibchen.

Dieses Ballett beginnt täglich zigtausendmal auf der Erde. Doch obwohl die Darsteller jedesmal andere sind, obwohl sie ohne jede Probe in ihre Rolle schlüpfen müssen und der Regisseur sich nie blicken lässt, läuft die weitaus größte Zahl der Aufführungen fehlerlos ab. Ihr Rollenbuch scheinen die beteiligten Zellen in der DNS verinnerlicht zu haben, Musik und Regieanweisungen müssen wir im bioenergetischen Ozean und seinen formgebenden Feldern suchen. Fehlerlos läuft es ab, weil das werdende Wesen ganz und gar einverstanden ist, völlig Eins mit dem Medium wie die Qualle mit dem Meer oder die Schmetterlingslarve mit dem, was vor ihr liegt. Fehlerlos läuft es ab, weil sich niemand einmischt.

Damit ein gesundes Kind mit einem starken Herzen, kräftigen Fingerchen, leuchtenden Augen und unbändiger Lebenslust heranwächst, muss man sich im Allgemeinen nur darum kümmern, dass es der Mutter an nichts fehlt. Den Rest erledigt der zukünftige Erdenbürger im Einklang mit kosmischen Regieanweisungen ganz allein, voller Vertrauen, und, weil alles gut war, auch voller Selbstvertrauen, wenn er endlich das Licht der Welt erblickt.

Wenn die Zeugung noch ein zierliches Ballett war, ist die Geburt eine gewaltige bioenergetische Symphonie. Die Mutter bringt das Kind ja nicht zur Welt wie der Postbote ein Paket an die Haustür - Mutter und Kind erledigen dieses Geschehen gemeinsam in einem Akt inniger bioenergetischer Verständigung und Zusammenarbeit, angetrieben durch kosmische Energie und gelenkt vom genetischen Programm. Vermutlich ist es das Kind, das den Prozess auslöst, aber der Ablauf wird im Einklang der Resonanz geregelt. Sowohl für das Kind wie auch für die Mutter ist die Geburt ein wichtiger Schritt im genetischen Programm, ein Eckstein der biologischen Reifung. Jede eingeleitete Geburt beraubt Mutter und Kind um diesen existenziellen Schritt, um dieses durchlebte Einverständnis. Jeder unnötige Kaiserschnitt sind zwei blinde Flecken in zwei nicht mehr kontinuierlichen Wachstumsprozessen.

Das dürfen Sie sich so vorstellen, als ob sie nach Italien in Urlaub fahren wollen und gerade am Kofferpacken sind, aber plötzlich wird Ihnen schwindelig und dann liegen sie schon in Rimini am Strand. Der Urlaub kann noch so schön werden - Sie werden mit einer Frage leben, die Sie noch beschäftigen wird, wenn Sie die Tage am Strand längst vergessen haben.

Direkt nach der Geburt - und nicht in irgendeinem x-beliebigen Moment - erwartet der neue Mensch, seine Welt aus anderer Perspektive wiederzuerkennen. Seine Welt ist die Mutter. Ihren Herzschlag fühlt er wie eh und je, auch ihre Wärme spürt er und vielleicht kommt ihm sogar der Geruch vertraut vor. Er ist ganz sicher, dass ihre Augen da sein müssen, wenn er seine öffnet. Erst wenn beide Blicke sich getroffen haben, ist er wirklich angekommen. Wie existenziell wichtig dieser Moment ist, hat uns Arno Gruen ja schon erzählt. Und etwa zwanzig Minuten später verspürt der Säugling den Drang, seine Lippen um die Brustwarzen zu schließen, die er noch gar nicht kennt. Trotzdem weiß er, dass sie da sind.

Wenn er alles so vorfindet, wie er es erwartet, ist sein Vertrauen weiterhin grenzenlos - in die Welt, in Mutti, in sich selbst. Noch ist das ja für ihn ein und dasselbe. Sein Wachstum kann nahtlos weitergehen und führt ihn ganz von selbst zum nächsten Schritt. Werden seine natürlichen Erwartungen nicht vollständig erfüllt, bleibt ihm eine Frage und der nächste Schritt ist unsicher. Ist die Realität krass anders als erwartet, kommt Panik auf und Vertrauen sowie Selbstvertrauen erleiden einen kräftigen Knacks. Der nächste Schritt kommt nicht mehr selbstverständlich.

Dabei hat der junge Mensch bis dahin alles richtig gemacht, obwohl niemand ihm Ratschläge geben konnte, obwohl niemand ihm Vorschriften gemacht hat, oder besser gesagt, genau deswegen. Ein gesundes, frohes Baby ist kein medizinischer Erfolg, keine kulturelle Leistung, nicht das Resultat gesetzgeberischer Anstrengungen oder seelsorgerischer Bemühungen, sondern ein reines Naturprodukt, eigentlich eine Selbstverständlichkeit. Die einfachste Sache der Welt, solange diese Welt in Ordnung ist.

Leider ist sie meist nicht mehr in Ordnung, und das begreift ein Kind bei einer herkömmlichen Krankenhausgeburt, sobald es das Licht dieser Welt erblickt. Das ist nämlich viel zu grell. Auch auf die vielen Leute ist das Neugeborene nicht vorbereitet und schon gar nicht auf das ätzende Zeug, was man ihm jetzt in die Augen träufelt. Nun zieht es auch noch jemand an den Füßen hoch und haut ihm auf den Hintern. Und das Wichtigste: wo ist die Mutter? Wenn das Kind ganz viel Pech hat, wird es auch noch gewaschen, eng eingewickelt und vier Stunden lang zum Schlafen abgelegt. Es ist verständlich, dass es erst einschläft, wenn es keine Kraft mehr hat zum Schreien. Bis jetzt konnte nur ein Unfall die Selbsterfüllung des Lebens verhindern, doch plötzlich erfüllt sich gar nichts mehr. Das ist kein Unfall, sondern Absicht und System. Von nun an wird die Entfaltung verordnet und gelenkt. Dabei ist Entwicklung etwas ganz anderes als ein- und ausgewickelt werden.

Spätestens in diesen paar endlosen Stunden, die der Säugling unerwartet von der Mutter getrennt ist, als deren Teil er sich immer noch empfindet, taucht ein erster Riss im Fundament seines Wesens auf. Da er genau weiß, dass er allein noch keine Chance hat, durchleidet der kleine Mensch Höllenqualen. Seine ganze Sein ist auf eine wahrlich existenzielle Frage reduziert, statt Vertrauen hat er Todesangst. Statt sich der Welt zu öffnen, muss er sich angstvoll vor ihr verschließen. Entwicklung und Lernen sind jedoch ein kontinuierlicher Fluss der Erfahrung. Sobald er unterbrochen wird, entsteht eine Lücke, ein Loch. Es ist, als ob wir beim Bau einer Mauer einen Stein weglassen. Solider wird sie davon nicht. Nur wenn der Säugling seine alte Welt von außen neu wiederentdecken kann, ist die Geburt kein Trauma, sondern die beglückende Vollendung des ersten und wichtigsten Lebensaktes.

Bei fast allen höher entwickelten Lebewesen entscheidet das Kind, wann, wie lange und wie weit es sich von der Mutter entfernt, und es entfernt sich niemals weiter, als es das mit seiner Sicherheit vereinbaren kann. Deshalb hat seine Sicherheit später keine Risse und Sprünge. Bei allen Naturvölkern, also bei denen, die biologische Bedürfnisse noch kennen und achten, bleibt das Neugeborene in ununterbrochenem Kontakt mit der Mutter, bis es selbst sich dem Rest der Welt zuwendet. Dann wird es auch von Schwestern und Tanten durch die Gegend getragen. Allein ist es NIE! Nur so kann es sich der Welt öffnen, nur so ist Wachstum kontinuierlich, nur kontinuierlich ist es solide.

Gehen wir noch einmal zum Schmetterling zurück: auch Sie haben wahrscheinlich das Schlüpfen des bunten Falters als seine "Geburt" angesehen. Das ist ein Irrtum. Der bunte Falter ist das erwachsene Exemplar - wahlberechtigt, mit Flugschein und nichts als Sex im Kopf. Seine embryonale Zeit hat er im winzigen Ei verbracht, seine Kindheit als Raupe und die Jugend als Puppe, und niemand hat ihm je etwas zeigen müssen. Das genetische Programm aller Lebewesen ist die Entwicklung des erwachsenen Exemplars. Dass der Mensch weniger sei als ein Falter, behauptet wohl niemand. Auch der Mensch braucht nichts weiter als eine intakte Umwelt, ein ausreichendes Angebot an körperlicher, seelischer und geistiger Nahrung sowie die Freiheit, davon nach Bedarf zu sich zu nehmen, um ein kräftiger, fürsorglicher und meist sogar schöner und intelligenter Erwachsener zu werden. So wie wir uns in der Schwangerschaft nur um die Mutter kümmern müssen, reicht es für den Rest des Lebens, für die

Lebensbedingungen zu sorgen. Etwas Besseres als den vollständigen Menschen können wir nicht erreichen, aber überall sehen wir, wieviel man kaputt machen kann, nein, wieviel kaputt gemacht wird.

Was würde wohl aus dem Schmetterling werden, wenn wir "hilfreich" eingreifen und die Raupe ein bisschen früher an einen Ast kleben würden? Einen schöneren Falter würden wir ganz sicher nicht bewirken, eine Missbildung schon eher. Mit unseren Kindern versuchen wir Ähnliches unentwegt. Wir "helfen" ihnen beim Laufenlernen, beim Sprechenlernen, beim Sauberwerden und wir schicken Sie per Gesetz zwei Jahre zu früh in die Schule. Das alles tun wir für uns, nicht für die Kinder.

Das Krabbelkind steht erst auf, wenn sein Rückgrat und seine Bewegungssicherheit soweit sind, aber dann steht es sogar ohne fremde Hilfe sicher, und dann weiß es, dass es das ganz allein kann. Früh selbständig werden nicht die Kinder, die sich früh ans Alleinsein gewöhnen mussten, sondern diejenigen, die ihre Selbständigkeit allein entdecken und erobern durften.

Wirklich rein kann nur der werden, der seine Reinlichkeit selbst erwählt. Die Psychologie lehrt, dass früh aufgezwungene Reinlichkeit, in Fachkreisen später anale Regression genannt, die Ursache für eine ganze Reihe übler Charaktereigenschaften ist: Geiz, Machtwillen, penible Strenge, möglichst absolute Kontrolle - und eine unbändige Lust, heimlich im Schmutz zu wühlen. Eventuell ist dieser letzte Punkt die fundamentale Ursache unserer Fernseh-Programme. Oder haben Sie sich nie gefragt, wie es möglich ist, dass wir alle uns diesen Dreck reinziehen? Die Erklärung ist wieder sehr einfach. Viele von uns sind anal gestört. Die krassen Fälle sitzen in den Studios, die durchschnittlichen vor der Glotze.

Natürlich möchte niemand, dass seine Kinder auf den Teppichboden kacken. Aber irgendwo muss ein Kind auch schmuddeln können, sonst wird es abwehrschwach, seelisch krank und nie wirklich sauber. Ein sauberer Teppichboden darf nicht bedeuten, dass ein Kind zu einer bestimmten Uhrzeit auf dem Topf zu sitzen hat, ob es das will oder nicht; auch nicht, dass es nach einer bestimmten Anzahl von Lebensmonaten „sauber" sein muss; und schon gar nicht, dass ein Kind seinen Unterleib vor dem zweiten Lebensjahr nicht anders kennt als eingepackt. Nur der ununterbrochene Fluss der Erfahrung ist solides Wachstum, gesunde Entwicklung.

Natürlich rebelliert jedes Kind gegen die Unterbrechungen dieses Flusses, die es völlig richtig als Raub empfindet. Das ist das Trotzalter, eine Phase der Kindheit, die bei unbehinderter Entfaltung des Kindes völlig unbekannt ist. Dabei ist die Trotz- phase nur das erste Aufbäumen der Wut und des Hasses, den der von den Kindern als „Totwerden" empfundene Schmerz von da an immer wieder auftauchen lässt. Das ersehnte Ende der Trotzphase, von den Eltern als „Vernunft annehmen" gerne missverstanden, wird als Fortschritt begrüßt. Die Realität ist grausam. Wenn ein kleines Herz zu schlagen aufhört, bricht für die Eltern die Welt zusammen und die moderne Medizin ver- sucht mit allen erdenklichen Mitteln, das zu verhindern. Wenn eine kleine Seele zu schwingen aufhört, lehnen sich die Eltern zufrieden im Fernsehsessel zurück. Endlich haben sie ein saube- res, ordentliches, höfliches und stilles Kind. Sie haben ihren Bei- trag zur Kultur geleistet.

Verächtlich blicken wir auf die "Barbaren" zurück, die ihren Göttern bisweilen sogar Kinder opferten. Dabei opfern wir sie alle, und niemandem anders als unseren Götzen! Wenn die Bar- baren angeblich nicht wussten, was sie taten, so wissen wir es auf keinen Fall besser. Wir haben nicht viel mehr geschafft, als das Opfer von außen nach innen zu verlegen und das dann Zivili- sation zu nennen. Wir haben die Leblosigkeit, den emotionalen Tod als Normalzustand akzeptiert und erschrecken vor den emotionalen Regungen.

Zur Sicherheit wird das Kind bald darauf in die Schule ge- schickt, im Allgemeinen mit sechs Jahren. Aber bis zum achten(!) Lebensjahr des Kindes „ist es das Hauptanliegen der Natur, das limbische System zu entwickeln, das für die Koordinierung des

Gefühlslebens, der Motorik und der Sinne verantwortlich ist." (22) Das limbische System wird auch das alte Hirn genannt oder gar Reptilhirn, weil wir es mit allen Wirbeltieren gemeinsam haben. Es ist sozusagen das Fundament des Hirns. Wie jeder gute Bauherr wartet die Natur ab, bis das Fundament sicher steht, bevor sie sich dem prachtvollen Bauwerk widmet, das sie darauf bauen wird. Erst wenn das alte Hirn ausreichend ausgebildet ist und sicher funktioniert, beginnt sich die Hirnrinde endgültig zu formen, das neue Hirn, das wir mit nur wenigen auserwählten Kreaturen der Schöpfung teilen. Nun erst entwickelt sich das abstrakte Denken, der Intellekt. Nun hat ein gesundes Kind Spaß daran, Rechnen und Schreiben zu lernen, und nun ist beides sogar gut für seine Weiterentwicklung. Vorher beeinträchtigt es die Entwicklung seiner emotionalen Sicherheit und körperlichen Geschicklichkeit. Zudem zerstört erzwungenes Lernen die angeborene Neugier, die natürliche Lust am Lernen. Das ist kein unglücklicher Zufall, sondern systematische Zähmung, ganz im Sinne des frühen Einschnürens.

Was ist das erste, was man einem Hund beibringt, den man dressieren will? Sitz! Das ist die eigentliche Botschaft der Schulpflicht: Sitz! Das ist ganz und gar gegen das biologische Programm des Kindes, das jetzt die Perfektionierung der motorischen und emotionellen Sicherheit vorsieht. Lesen und Schreiben lernt es mit acht Jahren mühelos, doch Laufen und Springen lernt es später gar nicht mehr. Und wir wundern uns dann über seine Haltungsschäden. Zudem wird das wachsende neue Hirn mit Sachen vollgestopft, die es gar nicht interessieren, sondern allenfalls belasten. Wirkliches Lernen findet wie wahres Wachstum von innen statt, indem man des Kindes Fragen beantwortet, nicht von außen durch das Mästen mit einem unverdaulichen Einheitsbrei. Gezielt verhindert die Regelschule genau das, was das Füllhorn der Natur dem jungen Menschen jetzt anbietet: eigenständiges Denken, freudiges Entdecken, beharrliches Forschen, logisches Verknüpfen und sicheres Urteil. Stattdessen lehrt sie unbedingten Gehorsam, militärische Pünktlichkeit, Verzicht auf Eigeninitiative und kritiklose Übernahme fremder Gedanken.

Als ob leblos nicht tot genug wäre, vollenden wir das Opfer unserer Kinder in der Pubertät. Diese Entwicklungsstufe entspricht beim Schmetterling dem allmählichen Erflammen der prächtigen Flügel, bei der Pflanze dem Öffnen der Blüte. In dieser Zeit bestimmt ein übermächtiger Drang zur Vereinigung das Denken und Fühlen JEDES gesunden Lebewesens. Nur der Mensch bestraft jetzt härter denn je das lustvolle Miteinander, das natürlich, angemessen und gesund wäre. Dagegen toleriert, propagiert und belohnt er das aggressive Gegeneinander, welches Individuum wie Gemeinschaft krank macht. Das Resultat dieser vereinten Anstrengungen kennen wir alle: den durchschnittlichen Erwachsenen, der vor allem seine Pflicht tut, also das, was man ihm sagt, und sonst nichts hört, nichts sieht, nichts sagt und kaum etwas fühlt außer Angst, Not und mühsam unterdrückten Hass, der ihn unberechenbar macht, sobald keiner guckt.

Einen Baum, der einmal schief gewachsen ist, richtet niemand auf. Das ist bitter für uns, denn es bedeutet, dass wir das ganze Gefühl, das volle ER-LEBEN, kurz gesagt die EINE Liebe wohl niemals wieder erleben werden. Uns bleibt ein kleiner Trost: je freier sich unsere Kinder entfalten dürfen, je mehr Liebe wir in unserem Umfeld zulassen, desto mehr werden wir MITerleben können.

So wie aus dem Samenkorn einer kümmerlichen Pflanze, das auf guten Boden fällt, wieder eine herrliche Blume werden kann, so kann aus jedem neu gezeugten Menschenkind ein wundervoller Mensch werden, wenn man seine Entfaltung nicht verhindert. Gerade die Strenge unserer Erziehung beweist, dass die kosmische Kraft jedesmal aufs Neue ermordet werden muss, weil sie in jedem einzelnen Wesen in all ihrer Größe neu erscheint. Das ist die herrliche Botschaft der traurigen Geschichte des "Christusmord" von Wilhelm Reich, seinem Vermächtnis: in jedem neugeborenen Leben steckt die ganze Liebe, die volle

Kraft, das uneingeschränkte Vertrauen, sicheres Wissen und grenzenloses Einverständnis.

Die vitalen Bedürfnisse des spirituellen Wesens Mensch stehen also im krassen Widerspruch zu seiner materiell orientierten Kultur, die immer mehr zur bloßen Wirtschaftsordnung verkommt. Jedes Mal, wenn wir einem Menschen die Befriedigung seiner vitalen Bedürfnisse verweigern, schwächen wir Ihn, und damit die Gemeinschaft, die Umwelt und die EINE Liebe, während wir die lebensfeindliche Kultur stärken. Auf welcher Seite stehen Sie? Jede Seele, die der Liebe nicht entrissen wird und so vor dem emotionalen Tod bewahrt bleibt, ist ein Verbündeter des Lebens und der Liebe. Jedes Mal, wenn wir die Entfaltung zulassen und schützen, schwächen wir die mörderische Kultur und stärken Mensch, Natur und Liebe. Wir brauchen keinen gewalttätigen Umsturz, wir müssen nur Räume schaffen, wo die Liebe wieder wachsen darf, denn wo sie darf, wird sie ihren Platz einnehmen – bis irgendwann gar kein Platz mehr für etwas anderes da ist. Wie dieses neue Paradies aussehen mag, kann niemand vorher wissen. Das ist auch gar nicht nötig, geht es uns doch wie den Bremer Stadtmusikanten: etwas Besseres als den Tod werden wir allemal finden.

15. In Liebe Erziehen

Die größte Wunde des Planeten ist,
dass wir uns selbst nicht lieben.
(Little Grandmother Kiesha Crowther)

Der wirksamste und nächstliegende Beitrag zum Wachstum der Liebe ist, sie nicht daran zu hindern. Das hört sich einfacher an, als es ist. Gesellschaftlich zugelassen ist die Liebe nur, wenn sie hinter verschlossenen Türen stattfindet, also mehr oder weniger heimlich. Vor nur zwei Generationen war das bloße Zulassen der Liebe noch eine Straftat, Kuppelei genannt. Und auch heute können Sie wohl eher auf Verständnis hoffen, wenn Sie sich mit Herrn Müller öffentlich prügeln, als wenn Sie seine Frau öffentlich küssen. Wer sich wirklich entschließt, die Liebe fortan zuzulassen, zu fördern und zu propagieren, dem wird viel Unverständnis begegnen und manchmal sogar Feindseligkeit, letzteres, weil er an Emotionen rührt, die bei nicht wenigen Leuten das Aufleben vergessener Schmerzen, verdrängter Not und verschwiegener Angst bedeuten. Das ist nicht zu ändern, sondern im besten Fall der Beginn eines möglichen Heilungsprozesses. Gruen sagt, dass das einmalige Zulassen dieses Schmerzes genügt, um den Prozess der Selbstfindung in Bewegung zu setzen. Solange die Krankheit gar nicht zur Kenntnis genommen wird, kommt auch nichts in Bewegung. Jeder, der sich von dieser Angst, diesem Schmerz, diesem kindlichen Entsetzen, diesem erwachsenen Nicht-wissen-wollen —jeder der sich davon nicht abschrecken lässt, trägt dazu bei, den Schmerz, die Not und die Angst zu lindern, angefangen mit seiner eigenen.

Anfangen muss man ohnehin bei sich zu Hause, und wenn man Kinder hat, am besten bei denen, und zwar so früh wie möglich. Was man gar nicht erst zerstört, braucht hinterher niemand zu richten. Überall in der Natur können wir vorbildliches Elternverhalten beobachten. Die Amsel ist nur eines von vielen Beispielen, aber ein gutes: zuerst kümmert sie sich voller Hingabe um kaum etwas anderes als die Brut; dann passt sie noch eine Weile gut auf und warnt im Gefahrenfall, ja, sie riskiert sogar ihr Leben für die Verteidigung des Nachwuchses. Doch wenn sie sieht, dass es gut ist, dann fordert sie die Kinder sehr deutlich auf, sich nun ihren eigenen Kirschbaum zu suchen. In der ganzen Zeit hat sie ihre Brut nie zu irgendetwas gezwungen, nie angetrieben, sie hat nichts verboten, nicht gedroht und wissentlich weh getan hat sie ihren Kindern nicht ein einziges mal. Wenn Gefahr drohte, brauchte sie nur kurz zu warnen, und da sie nie gelogen hatte, wussten die kleinen Piepmätze sofort, wie ernst die Warnung war. Alles was die Amsel geben muss, sind Nahrung, Schutz und Wärme für eine begrenzte Zeit - und ihr Vorbild, sonst nichts. Auch wir erziehen durch unser Beispiel weit mehr als durch unsere Versuche, dem Kind etwas beizubringen, ob wir das wollen oder nicht.

Es ist klar, dass die Amsel wahrscheinlich gar nicht lügen kann, vielleicht nicht einmal auf die Idee kommen könnte. Aber genau so klar ist, dass kleine Menschen, die nicht angelogen werden, eventuelle Warnungen ihrer Eltern genau so selbstverständlich ernst nehmen wie kleine Amseln. Die Amsel kann nicht lügen, weil ihr dazu das Bewusstsein fehlt, die Möglichkeit – und Notwendigkeit – der Entscheidung zwischen Gut und Böse. Dass der Mensch diese Möglichkeit hat, bedeutet nicht, dass er sich auf jeden Fall anders als die Amsel entscheiden muss. Niemand muss seine Kinder anlügen. Selbst wenn alle anderen es tun, können Sie sich dagegen entscheiden, und wenn Sie es nicht tun, dann ist das Ihre Wahl. Es mag manchmal einfacher scheinen, aber der Schein trügt. Liebe und Wahrheit gehen Hand in Hand, und deshalb spüren unsere Kinder, solange sie noch im ursprünglichen Einklang sind, dass sie im Augenblick der Lüge nicht geliebt werden, und später, wenn sie nicht mehr offen sind, wissen sie nichts besser, als dass sie belogen wurden. Für sie ist beides das Gleiche, fehlende Empathie, kein Vertrauen, keine Liebe. Sind Resonanz, Vertrauen und Selbstsicherheit erst einmal zerstört, bleibt vom freien Willen, dem außerordentlichen Geschenk der Schöpfung an den Menschen, nichts als ein trauriger Witz. Was nützt der freie Wille, wenn man nicht mal weiß, wer man ist und wo es lang geht? Soviel wie ein Großbildschirm einem Blinden.

Trotzdem sagen viele Leute, dass sie ihren Kindern zuliebe lügen, um denen etwa eine schreckliche Wahrheit zu ersparen. Keine Wahrheit ist schrecklicher für ein Kind, als angelogen zu werden. Es weiß in dem Moment, dass es als Mensch nicht ernstgenommen wird. Da hat das Kind recht. Tatsächlich ist es fehlendes Vertrauen in die Kraft des Kindes, in seine Intelligenz und in seine Wahrnehmungsfähigkeit, die uns immer wieder denken lässt, es sei noch nicht so weit, dieses oder jenes zu verkraften. Das, was das Kind noch nicht verkraften kann, kann es auch noch nicht wirklich verstehen, aber jede Lüge ist eine Lücke in seinem kontinuierlichen Wachstum, für die es später nochmal Anhalten, Verstehen und Richtigstellen muss, meist aber gar nicht mehr zurück kann an den Punkt, wo das Loch klafft, das da nie hingehört hat. Es gibt keine barmherzigen Lügen, das ist ein Beschönigungsversuch für Desinteresse oder Feigheit. Kann sich vielleicht jemand Barmherzigkeit mit kurzen Beinen vorstellen? Auch Sterbende, Kranke und vor allem Kinder wollen ernstgenommen werden.

Desinteresse und Feigheit sind die wirklichen Gründe unserer angeblich lieb gemeinten Lügen den Kleinen gegenüber. Desinteresse, weil eine Lüge der kürzeste Weg ist, eine Frage abzuwürgen, und sich wieder anderen Dingen widmen zu können; und Feigheit, weil das Kind viele Fragen stellt, die wir nicht einmal uns selbst wahrhaft beantworten könnten, weil wir sie uns nicht einmal stellen mögen. Viele Kinderfragen, -träume oder -spiele berühren unsere versteckten Ängste und Zweifel. Ihre Träume erzählen von der realen Welt, vom lebendigen Leben, das wir einmal vergessen mussten. Auch daran erinnert zu werden, tut weh, deswegen wollen wir es nicht hören. Doch gerade da liegt unsere große Chance. Wir können mit unseren Kindern wachsen und lernen, und wenn wir anfangen, unsere Kinder ernst zu nehmen, werden wir irgendwann auch uns selbst ernst nehmen. Wir werden anfangen, uns zu vertrauen, wenn wir unseren Kindern vertrauen. Deren Körper ist zwar klein, aber ihre Seele ist so groß wie unsere. Da reisen die Leute nach Indien, um der Wahrheit näher zu kommen, und zu Hause wird sie in den Laufstall gesperrt!

Wir hätten wirklich allen Grund, Vertrauen zu einem Neugeborenen zu haben. Bis dahin hat es jedenfalls prima mit Mutti zusammengearbeitet und schon Erstaunliches geleistet. Auch nach der Geburt stellen sich die wenigsten doof an. Wo das Essen steht, wissen sie jedenfalls schnell. Dass Säuglinge schreien, wenn sie allein gelassen werden, ist alles andere als doof, das hatten wir schon. Sie wissen, wie hilflos sie sind, aber sie können nicht wissen, dass die Eltern nur ein Zimmer weiter sitzen und die Tür wieder aufgehen wird. Doof ist, dass sie dort lästig sind, obwohl ohne Frage feststeht, dass kein anderes Säugetier seine Kleinen lange allein lässt, und einzelne Kleine selbst in der allergrößten Not nur kurz. Ganz offensichtlich ist, dass dieser erste Bruch im Selbstbewusstsein allen Kindern erspart bleibt, die wie normale Säugetiere behandelt wurden, also nicht alleingelassen wurden, bis sie selbst den Abstand zu suchen begannen. Man sieht es an den strahlenden Augen, heute fast nur noch bei Fernsehberichten aus fernen Ländern oder vergangenen Tagen. Würden wir auf unser Kind hören, würden seine Augen ähnlich strahlen. Hätten unsere Eltern auf uns gehört, unsere auch.

Ebenso unheilvoll wirkt das ständige Aufpassen. Kinder passen sehr gut auf sich selbst auf, solange sie nach ihrem Rhythmus Neues ausprobieren dürfen. Hat man es ihnen einmal abgewöhnt, ist es natürlich vorbei damit. Dann kontrollieren sich Kinder nicht mehr selber, sondern versuchen, sich der Kontrolle zu entziehen. Diese Kinder klatschen dann die ganze Kellertreppe runter, wenn man mal einen Moment nicht aufpasst.

Sind unsere Kinder etwa dummer als kleine Affen? Kleine Affen fallen so gut wie nie vom Felsen, allerdings setzt sie auch niemand drauf, bevor sie alleine von der Mutter runterklettern. Auch unsere Säuglinge schrecken instinktiv vor Stufen und Tiefen zurück, und wenn der Ihre auf dem Wickeltisch unkontrollierte Bewegungen macht, dann passt er schon nicht mehr auf sich selbst auf, dann ist er schon weniger selbständig, als es gut für ihn und auch gut für Sie wäre. Vielleicht wickeln Sie ihn mal eine Weile auf dem Boden, wo Sie nicht unentwegt aufpassen müssen.

Es ist eindeutig die Angst der Erziehenden, ihr verlorenes Vertrauen in das Leben selbst, die dieses übertriebene, die Entwicklung behindernde Schutzverhalten verursacht. Leider verkümmert dadurch die dem Kind eigene Vorsicht und seine Verantwortlichkeit sich selbst gegenüber. Jean Liedloff geht noch erschreckend viel weiter in ihrem Buch über das verlorene Glück.(23) Sie meint, dass eines der ersten Anliegen des Kleinkindes ist, die Wünsche der Mutter zu erahnen und zu erfüllen. Es empfindet sie ja als seine eigenen. Wie jeder Mensch denkt auch die Mutter in Bildern und die sind es, die das Kind aufschnappt. Wenn nun die Mutter in ihrer Angst ständig an die Kellertreppe oder den nicht eingezäunten Swimmingpool denkt, dann lockt sie das Kind geradezu dorthin. Wenn sie sich vorstellt, dass es sich schneidet, wird es sich eher schneiden, als wenn sie sich ruhig vorstellt, wie es vorsichtig mit dem Messer hantiert. Das Kind versteht vielleicht noch keine Worte, aber Bilder schon, und gerade die Mutter versteht es sehr direkt und gut. Werdende oder junge Eltern sollten diesen Absatz bitte in aller Ruhe noch einmal lesen.

Auf jeden Fall berichten Liedloff und andere vom geschickten Umgang Drei- und Vierjähriger mit scharfen Macheten, vom frühen Spiel mit Pfeil und Bogen, vom Spiel am ungesicherten Abgrund und anderen für uns unvorstellbaren Kindervergnügen bei den Naturvölkern, mit denen sie eine Zeit lang leben durfte. Natürlich gibt es manchmal Unfälle, aber die sind viel seltener, als wir das bei derartiger Aufsichtslosigkeit erwarten würden. Auch untereinander passen Kinder gut auf sich auf, wenn sie miteinander aufwachsen. Und Unfälle gibt es schließlich auch bei uns, allerdings häufiger, als wir das nach all unseren Anstrengungen erwarten, und wahrscheinlich weit mehr als bei den Wilden, gerade weil die wild geblieben sind.

Je mehr Vertrauen wir zu unserem Nachwuchs aufzubringen imstande sind, desto mehr Selbstvertrauen lassen wir ihm. Je weniger Einschränkungen und Verbote wir aussprechen, je öfter – und früher! - wir auf seine Wünsche eingehen, desto mehr werden wir selbst von unserer eigenen Angst verlieren. Je eher jemand begreift, welches einmalige Wunder der Schöpfung auf seinem Schoß herumkrabbelt, desto schneller muss er darauf kommen, dass er selbst kein geringeres Wunder ist. Je klarer jemand die Rechte und Bedürfnisse seiner Kinder erkennt, desto bewusster werden ihm seine eigenen. Je glücklicher Ihr Kind ist, desto glücklicher werden auch Sie sein. Das gehört nun schon wieder zu den Resonanzerscheinungen, auf die man sich verlassen kann wie auf die Schwerkraft oder die Bahn der Erde um die Sonne. Geben Sie Ihrem Kind eine Chance, es ist auch die Ihre! Die Eltern-Kind-Beziehung ist "eine Wechselbeziehung der gegenseitigen Erfüllung von Bedürfnissen, die beide bereichern soll" (24). Da ist sie wieder, die bioenergetische Liebe, in der Geben und Nehmen das Gleiche ist, und auch die Bereicherung, die aus dem Ganzen mehr macht als die Summe seiner Teile.

Es wird Zeit, dass wir unsere Kinder respektieren und genauso ernst nehmen wie uns selbst. Vielleicht sollten wir öfter mal Rollentausch mit den Kleinen spielen und so tun, als wären wir die Kinder unserer Kinder. Lernen können wir eine ganze Menge von ihnen. Zur Ermutigung sei hier klargestellt, dass es unermesslich viel einfacher ist, sein Kind NICHT abzurichten, als sich die schwere und widernatürliche Bürde der Dressur auf die Schultern zu laden. Die Hauptarbeit übernimmt dann die Natur, und dass wir uns auf die verlassen können, hat sie mehr als hinreichend bewiesen. Schließlich war sie es, die den Homo sapiens geschaffen hat, den Menschen, der selbst denken kann.

Liebevolle Erziehung kann nur im Einvernehmen mit der Natur stattfinden. Wo werden wir die Liebe eher finden als in der Natur? Halten Sie die Liebe für eine natürliche Kraft, für eine Erfindung des Menschen oder gar für Teufelswerk? Wie es sich für die Liebe gehört, kommt sie natürlich ganz und gar nicht allein daher, und auch nicht in trauter Zweisamkeit mit der Wahrheit, wie wir sie ja schon beobachten konnten; nein, ein ganzer Reigen schöner Erscheinungen taucht Hand in Hand oder sogar eng umschlungen mit der Liebe auf: die Natur, der Einklang, die Wahrheit, das Wissen, die Hingabe, das Vertrauen, die Kraft, das Glück, das Strahlen, die Gesundheit, die Sicherheit, das Einverständnis, die Kreativität und sicher noch ein paar mehr, die wir im bunten Durcheinander übersehen haben. Eigentlich gleicht ihr Auftritt am ehesten einer der schon erwähnten Kreisorgien. Wir alle sind eingeladen, an der Hand unserer Kinder in den erlesenen Kreis einzutreten und an der großen Orgie des Lebens teilzunehmen, bei der alles mit allem in Verbindung ist. Wenn es Ihnen lieber sein sollte, können wir die Orgie auch anders nennen: Einladung zu einem wirklichen Vollbad im unendlichen Meer der Lebensenergie inklusive hin und wieder von einem Strudel in die Tiefe gerissen und erneut empor gewirbelt zu werden. Dazu kommt natürlich noch gratis Volltanken an Gottes Tankstelle.

Nehmen Sie das Sonderangebot bitte endlich aus dem Laufstall und drücken sie es lange an Ihre Brust. Es gibt keinen Weg ins Reich der Liebe, der unfehlbarer wäre, als unsere Kinder vorangehen zu lassen.

17 Die Kinder der Zukunft

Glücklich macht die Freiheit den Menschen nicht,
aber sie macht ihn zum Menschen.
(Manuel Azaña)

Besser als Rebeca Wild kann man es kaum ausdrücken: "Zwischen den beiden Extremen, ein Kind allein zu lassen oder seine Probleme zu lösen, liegt das Gebiet, in dem sich echte Entwicklungsprozesse ergeben. Leider wird es von erziehenden Erwachsenen so selten betreten, dass wir es fast als Niemandsland bezeichnen können. In dieser Zone sind wir beim Kind, wir begleiten es, wir sind einfach da. Wir gehen nicht weg, ermuntern das Kind (...) nicht zur Selbständigkeit, motivieren es nicht, greifen seinen Ideen nicht voraus, lenken es nicht ab, unterstützen es, wenn nötig und erwünscht, in seiner Aktivität, und setzen - wenn dies erforderlich ist - Grenzen, damit alle Beteiligten sich wohlfühlen können." (25)

Zulassen ist sowieso das Erste für Alle, die Kinder haben oder erwarten. Nehmen Sie jede ihrer Äußerungen ernst. Kein Neugeborenes ist böse, berechnend oder unverschämt. Böse wird es erst, wenn es seine berechtigten Bedürfnisse nicht erfüllt bekommt. Dazu gehört nicht nur Essen, Trinken und sich anfassen dürfen, wo man möchte, sondern auch Wachsen nach dem eigenen Rhythmus, Zeit zum Träumen, Lernen dürfen, wonach es dürstet, und ohne Zweifel Nähe und Geborgenheit in Gemeinschaft, Einklang mit der Umgebung.

Dass dafür Freiräume nötig sind, die heute nicht vorhanden sind, ist klar. Dass die Kinder diese schnell schaffen werden, wenn wir sie ernst nehmen und ihnen helfen, ebenfalls. Auch für die werdenden und jungen Mütter muss ein großer, möglichst gemeinschaftlicher Freiraum entstehen, damit das Kind für sie wieder ein Geschenk ist und kein Unglück, und damit sie nicht allein sind mit dem Kind. Allein-Erziehen ist schon hart für die vielen Mütter und die vereinzelten Väter, aber für das Kind ist es entsetzlich. Doch auch diesen Freiraum werden die Kinder wahrscheinlich als die natürlichste Sache der Welt von sich aus mit entstehen lassen, da er eigentlich direkt zu ihren ursprünglichen Bedürfnissen gezählt werden muss. All diese Freiräume und gewiss noch etliche andere brauchen wir weder zu planen noch aufzubauen; sie werden dort entstehen, wo man sie zulässt.

So schwer ist das nicht. Aber wir werden über den Schatten unserer Angst springen müssen, unserer tödlichen Angst vor dem Neuen, vor der Veränderung, vor dem Leben. Keine andere Passage seiner Theorie hat laut Wilhelm Reich seine „Arbeit und Existenz derart gefährdet wie gerade die Aussage, dass Selbst-Steuerung möglich, natürlich vorhanden und allgemein durchführbar ist." (26)

Doch ob wir das wollen oder nicht, Reich hat recht. Nicht an unseren Kindern werden wir arbeiten müssen, sondern an uns selbst. Erschüttert werden wir erkennen, wie armselig unser Leben ist ohne Vertrauen und ohne Verständnis, ohne Wissen und ohne Wahrheit, ohne Lust und ohne Liebe. Doch in jedem, der den Sprung wagt, der aufhört, sein Kind widernatürlich abzurichten, wird mit dem Kind auch das Glück des Einklangs wachsen. Das klare JA zum Kinde führt geradewegs zum festen JA zu sich selbst.

Das ist nur logisch. Wenn Sie einmal begriffen haben, dass in Ihrem Kind eines der größten Wunder der Schöpfung vor Ihnen rumkrabbelt, kann es nicht lange dauern, bis Sie vor der Erkenntnis stehen, dass Sie selbst eigentlich als genauso großes Wunder geboren wurden. Wenn Sie dann erkennen, welchen Ochsen man aus Ihnen gemacht hat, wollen Sie Ihrem Kind das gleiche Schicksal hoffentlich ersparen. Je mehr Vertrauen Ihr

Kind entwickelt, desto großartiger muss es werden - und desto großartiger muss Ihr Bild von sich selbst werden. Irgendwann werden auch Sie vor Vertrauen strotzen und Sie werden Ihrem wunderbaren Bild immer ähnlicher - allein dadurch, dass Sie wahrhaft versuchen, Ihrem Kind gerecht zu werden. Viel Spaß dabei!

Sofort werden Sie erfahren, dass Geben auch Nehmen ist. Denn wie jeder Baum, der wachsen darf, den Sauerstoffgehalt seiner ganzen Umgebung erhöht, so wird jede Seele, die zu ihrer vollendeten Schönheit erblühen darf, die Kraft der Liebe in ihrem gesamten Umfeld bestärken. Alle, die mit einem solchen Kind zu tun haben, gewinnen dabei.

Der Rest ist Vertrauen in Selbstverständlichkeiten wie Sonnenlicht und Atemluft, auf die wir uns ja gerne und zurecht verlassen. Der energetische Ozean, der uns mitschafft und erhält, gehört zu diesen Selbstverständlichkeiten, selbst wenn wir uns auf ihn nicht verlassen mögen. Doch nichts verdient unser Vertrauen mehr als die Kraft, die den Kosmos zusammenhält, unseren Körper, unseren Geist und unsere Seele.

Was daraus wird, kann niemand vorher wissen. Ganz sicher werden diese ihrer Vitalität nicht beraubten Kinder der Zukunft anders sein, als Adam und Eva vor der blöden Geschichte mit dem Apfel waren. Aber vielleicht sind sie ihnen doch ähnlicher, als wir uns das vorstellen können. So schön wie Delphine oder Gazellen werden sie allemal sein, denn so sind wir eigentlich alle gedacht. Dass sie in kneifenden Hosen herumlaufen und auf eckigen Stühlen sitzen wollen, ist kaum zu erwarten. Schlips, Kragen und Korsett werden wir wohl ein für alle mal vergessen können. Untertanen werden wieder unvorstellbar sein. Dass die Welt keine Ware ist, wird man diesen Kindern nicht erzählen müssen. Vielleicht fällt ihnen sogar zum Internet und zur Atomenergie was Liebevolles ein.

Es ist kein Zufall, dass Kindheit und Erziehung einen so breiten Raum einnehmen in einem Buch über die Liebe, die wir dummerweise eher zu den Beschäftigungen der Erwachsenen rechnen. Tatsächlich begegnen wir der Liebe am reinsten im Säugling. Allein das klare Empfinden, mit allem vereint zu sein, das diesen Kindern nicht mehr ausgetrieben würde, wenn wir es nur respektieren, muss zu einer völlig anderen Haltung gegenüber der Welt führen. Was zusammengehört, liebt sich ganz selbstverständlich, damit hat dieses Buch angefangen. Dass tatsächlich selbst wissenschaftlich betrachtet alles mit allem verbunden ist, also eins, hatten wir auch schon festgestellt. Wenn aber alles eins ist, was anderes sollte es zusammenhalten und beleben, wenn nicht die eine alles umfassende Liebe?

Heranwachsend werden unsere Sprösslinge sogar wieder den unerlässlichen Freiraum für die körperliche Liebe wachsen lassen, ohne die die EINE Liebe nicht mal eine Dreiviertel-Liebe ist. Ihre Sexualität müssen diese Kinder frei entfalten dürfen, was allerdings wesentlich mehr bedeutet, als das, was wir heute Sex zu nennen pflegen. Es bedeutet die nicht zerstörte Wahrnehmung aller vitalen Bedürfnisse und so die Bewahrung der ganzen Vitalität. Richtig und tief Atmen, geschmeidig Laufen, voller Lust Springen, Schwimmen und Tauchen, freudige Anstrengung und Anspannung, genau wie glückliches Entspannen, wenn man im Sonnenschein auf einer Wiese liegt, Singen, Schmusen und Tanzen sowieso - Träumen nicht zu vergessen - eigentlich gehört alles dazu, worüber der Körper sich freut. Sie erinnern sich hoffentlich – einzig und allein das Lustempfinden erhöht die Oberflächenspannung der Haut. Sexualität ist all unsere vitale Kraft, sie ist der Boden, auf dem sich jeder einzelne bewegt, sie ist die Wellenlänge des eigenen Senders, sie trägt uns in dem Meer von Energie, in dem wir alle schwimmen, sie ist der Unterschied zwischen Funken sprühenden Nüstern und glasigen Augen.

Mit etwas Glück werden immer mehr von uns das als Zuschauer ihrer Kinder und Kindeskinder miterleben dürfen. Es wäre müßig, sich Gedanken über das Sexualleben der Kinder der Zukunft zu machen, denn wie der Prophet (27) gesagt hat:
Eure Kinder sind nicht Eure Kinder.
Sie sind die Söhne und Töchter

der Sehnsucht des Lebens nach sich selbst ...

Ihr dürft ihren Körpern ein Haus geben, aber nicht ihren Seelen, denn ihre Seelen wohnen im Haus von Morgen, das Ihr nicht besuchen könnt, nicht einmal in Euren Träumen.

Da nicht auszuschließen ist, dass natürlich aufgewachsene Menschen natürlich denken und naturgemäß handeln, ist es sehr gut möglich, dass wir durch sie dem Ausgangspunkt wieder näher kommen. Wahrscheinlich werden einige Werte und Umgangsformen der ursprünglichen Menschen wieder selbstverständlich werden. Alles Leben ist in Kreisen und selbst der Fortschritt macht allenfalls eine Spirale daraus.

Bringen wir nur Vertrauen auf, in das Leben, in die Natur, in unsere Kinder, wird auf beiden Seiten Selbstvertrauen entstehen und wachsen, und jeder Gewinn an Selbstvertrauen bedeutet immer wachsendes Vertrauen in das Leben. Das ist ziemlich genau das Gegenteil von Angst. Auch das ist ein Geschenk für alle, denen Geben so selig ist wie Nehmen, für alle, denen auch das Selbstvertrauen der Anderen am Herzen liegt, für alle, die sich eingeben und dadurch teilhaben.

Das wirklich Wichtige im Leben ist ohnehin ein Geschenk. Liebe kann man nicht kaufen. Auch Wahrheit, Vertrauen, Einverständnis und all die anderen Schönheiten, die wir im lebendigen Reigen mit der Liebe treffen, kann niemand kaufen. Aber da sie immer vereint auftauchen, ist es egal, wo wir anfangen, wenn wir einmal anfangen. Alles ist eins, wir können dazugehören, wenn wir uns eingeben, statt uns herauszuhalten, und wir können anfangen, womit wir wollen.

Wenn Sie mir nun schon bis hierher gefolgt sind, Liebes, wer auch immer Sie sind, sollten Sie auch den nächsten Schritt tun. Fangen Sie an! Nähern Sie sich dem vollen Menschenleben! Nehmen Sie teil, geben Sie sich ein. Wir werden immer mehr sein, wir werden ZUSAMMEN kommen, uns gut fühlen, und irgendwann werden wir wieder ein Herz und eine Seele sein, beseelt von EINER Liebe.

Bibliographie

William Shakespeare, Romeo und Julia,
übersetzt v. Christoph Martin Wieland,
  Hoffmann Verlag Zürich, Neuausgabe 1993

Platon, Das Gastmahl,
  Reclam Verlag, 1958

Khalil Gibran, Der Prophet,
  Walter Verlag, Schweiz, 19. Aufl. 1986

Wilhelm Reich, Die Funktion des Orgasmus,
  Kiepenheuer & Witsch, 7.Aufl, 2000

  Die Massenpsychologie des Faschismus,
  Kiepenheuer & Witsch, 1986

  Der Christusmord
  Zweitausendeins, 1997

Versch. Autoren, Nach Reich,
  Zweitausendeins, 1997
  herausgegeben v James de Meo und Bernd Senf,

Ernest Bornemann, Ullstein Enzyklopädie der Sexualität
  Ullstein, 1990

Waltraud Wagner, Zeit – das Fortschreitende oder die Ordnung, Neue Erde Verlag, 1980, Heftreihe Indianische Botschaft.

Rupert Sheldrake, Das schöpferische Universum
Ullstein, 7.Aufl., 2002

Bernd Senf, Die Wiederentdeckung des Lebendigen, Zweitausendeins, 3. Aufl., 1998

Marco Bischof, Das Licht in unseren Zellen
Zweitausendeins, 5. Aufl., 1995

Wolf Dieter Storl, Der Garten als Mikrokosmos, Knaur, München, 1992

Fritz-Albert Popp, Die Botschaft der Nahrung
Zweitausendeins, 1999

Rebeca Wild, Sein zum Erziehen
Arbor Verlag, 6. Aufl., 1998

Jean Liedloff, Auf der Suche nach dem verlorenen Glück, Verlag C. H. Beck, 1980

Isak Dinesen, Memorias de Africa (Out of Africa)
Santillana Ediciones, El Pais, 2002

und natürlich die 6 dtv Bände von **Arno Gruen**, die mich so viel weiter gebracht haben:
Der **F**remde in uns, dtv,2002
Der Verrat am **S**elbst, dtv, 1992
Verratene Liebe, falsche **G**ötter, dtv, 2006
Der Verlust des **M**itgefühls, dtv, 1997
Der Wahnsinn der **N**ormalität, dtv, 1992

Der Kampf um die Demokratie, dtv, 2oo4

Und noch ein letzter Buchtipp zum Thema:

A.S.Neill: Das Prinzip Summerhill

Rowohlt TB, 1971

Neills Klassiker muss hier erscheinen, weil dieses Buch ohne jenes Buch nie geschrieben worden wäre. Mit jenem Bericht über Neills nicht autoritäre Schule in Summerhill begann meine späte Befreiung. Zuerst begriff ich erschüttert, welches Unrecht ich meinem kleinen Sohn schon angetan hatte und bekam eine erste Ahnung vom Menschenrecht der freien Entwicklung. Irgendwann später wurde mir dann klar, dass ich all das, was ich nun für meinen Sohn forderte, auch für mich fordern durfte. Ich habe nicht lange gefordert, ich habe es getan. Ich bin Neill und meinen Kindern Janusz und Anna sehr dankbar dafür.

Auch im weiter oben angeführten Buch „Nach Reich" gibt es einen hochinteressanten und sehr klaren Aufsatz von Neill über die Selbstregulierung des Kindes und zwei Artikel über seine Arbeit und seine Beziehung zu Reich.

Anmerkungen

Die Fragezeichen statt Seitenzahlen haben damit zu tun, dass ein Teil meiner Bücher zur Zeit in einer unerreichbar fernen Garage gelagert sind. Das bitte ich zu entschuldigen.

1Bornemann, S. 437
2Wawashkesh in Waltraud Wagner, S. 44
3Isak Dinesen, S. 282, aus dem Spanischen vom Autor
4James de Meo in "Nach Reich", S.377 ff
5 Bornemann, S. 208
6Bornemann, S. ??
7Bornemann, S. ??
8Bornemann, S. ??
9 alles William Shakespeare,übersetzt v. Christoph Martin Wieland
10Vermutlich Bornemann
11Das Originalzitat lautet: "Eine Beobachtung war die, dass zwei Bione mit ihren Energiefeldern in Kontakt miteinander kommen konnten, ohne dass sich ihrestofflichen Körperberühren mussten. Der energetische Kontakt entstand alsoüber eine gewisse Entfernung hinweg, und wenn es dazukam, sprangsozusagen der Funke über. Kam es zu einem solchen Zusammenfließen, zu einem wechselseitigen Durchdringen der Energiefelder, so entstand bei beiden
Gebilden ein höherer Grad an Erregung, ihr Leuchten wurde intensiver und ihre innere Bewegung stärker.Reich sprach von „orgonotischer Erstrahlung."
Außerdem bewegten sich die Bione aufeinander zu, als gäbe es einewechselseitige Anziehung, als würden sie zueinander hingezogen."Es stammtvon Seite 68 des Buches „Die Wiederentdeckung des Lebendigen" von Bernd Senf, Omega Verlag, und beschreibt die Bionenversuche Wilhelm Reichs, der sicher-

lich ein herausragender Denker und Wissenschaftler des letzten Jahrhunderts war, obwohl er bei „seriösen" Wissenschaftlern eher verpönt ist.

Er war wohl voller Liebe und ist im Gefängnis an „gebrochenem Herzen" gestorben, wie seine Tochter sagt. In vielen seiner Werke geht es um die Liebe, zuerst um die körperliche, zuletzt um die reine Liebe, die er als den „Christus in uns" bezeichnet. Auch die letzten Worte Dante Alighieris in seiner „Göttlichen Komödie" gelten der „Liebe, die die Sonne bewegt und alle anderen Sterne". Ich habe diese Worte meinem Buch über ein lebendiges Weltall vorangestellt, in dem ich auch ein wenig näher auf Theorien eingehe wie die von der „schwarzen Masse", die dann doch nicht schwarz ist, und Ähnliches. („Eine kleine Geschichte des Raums", früher unter dem Titel „Für 12 Mark 80 durch das Universum" bei Zweitausendeins, 1996)

12 Marco Bischof, S.136, der Autor selbst fügt hinzu, dass schon Galvani dieser Überzeugung war.

13 Fritz-Albert Popp, S.122,

Das Zitat stammt aus dem schönen Kapitel „Das Band, das niemand sieht". Das Buch ist eines der wenigen Bücher über Ernährung, die sich auch mit der direkten Anziehung des Menschen durch die Nahrung beschäftigt, dem Appetit, unserer jeweiligen Neigung zu bestimmten Speisen. Unter anderem gibt es den klugen Rat, bei Interesse für den Kauf eines Ernährungsratgebers zuerst im Index nachzuschauen, und wenn der Appetit dort nicht auftaucht, vom Kauf abzusehen, da der Appetit unsere wichtigste Entscheidungshilfe ist. Er teilt uns über Schwingungen wahrgenommene Qualitäten der Nahrung mit, ähnlich wie wir durch andere Wellen von den Qualitäten eines Gesprächspartners vorab informiert werden.

14 Rupert Sheldrake, S. 220 ff.

Auch in „Der siebte Sinn der Tiere", ebenfalls bei Ullstein, berichtet Sheldrake von vielen erstaunlichen Beispielen drahtloser Verständigung über oft große Distanzen.

15 Marco Bischof, S. 200f

16 Kahlil Gibran:
    „Wenn die Liebe dir winkt, folge ihr,
    Sind ihre Wege auch schwer und steil.
    Und wenn ihre Flügel dich umhüllen,
    gib dich ihr hin..."
17 Reich, Funktion des Orgasmus, S. 228 + 269
18 Wolf-Dieter Storl, S.??
19 Marco Bischof, S.157
20 Reich, Christusmord, S. 125
21 Aus einem Buch über das embryonale Wachstum,
    gekauft bei Zweitausendeins, nicht unbedingt dort
erschienen.
22 Rebeca Wild, S. 19
23 Jean Liedloff, S. ??
24 Rebeca Wild, S. 22
25 Rebeca Wild, S. 73
26 Reich, Funktion des Orgasmus, S.141
27 Kahlil Gibran,S. 16